Annick Markmann

# Passons sur l'autre rive

Annick Markmann

# Passons sur l'autre rive

## 47 courtes histoires

Éditions Croix du Salut

Cover image: www.ingimage.com

Publisher:
Éditions Croix du Salut
is a trademark of
International Book Market Service Ltd., member of OmniScriptum Publishing Group
17 Meldrum Street, Beau Bassin 71504, Mauritius

Printed at: see last page
**ISBN: 978-613-7-37270-8**

# Passons sur l'autre rive!

**47 COURTES HISTOIRES.**

**Annick Markmann**
**3, Les Ripaudières**
**79150 Genneton**
**Téléphone : 05 17 32 57 74**

anic.markmann@hotmail.fr

## 1) LE PAYS D'OU JE VIENS

Au pays d'où je viens
Non , n'y allez jamais .
Le ciel est gris et bas,
Le sol est de poussière.
Et tous les hommes las
y baissent les paupières,
comptant à chaque pas
l'effort qu'il reste à faire
pour vivre encore demain.

Au pays d'où je viens
l'ami n'existe pas.
Chacun suit son chemin
essayant par surcroît,
d'épuiser son voisin
et de détruire son frère.
Riant si vous tombez,
nul ne vous tend la main.

Au pays d'où je viens
tous les êtres sont laids.
Ils sont indifférents,
riant de vos misères.
Après avoir lutté,
vous restez tout tremblant.
On a tué en vous
l'espoir et le demain.
Vous êtes solitaire avec votre chagrin.

Au pays d'où je viens
j'ai perdu la conscience
du temps et du plaisir,
du bonheur, de l'avenir.
Seulement j'ai gardé
me martelant la tête,
tant de déboires, de fardeaux et de pertes,
c'était si accablant..

Au pays d'où je viens,
j'ai désiré mourir,
oubliant mes enfants
et tous mes souvenirs.
Mon corps était si las,
mon âme déchirée,
J'ai voulu en finir.
Le train arrive, j'entends le train!
Il suffit de courir,
la mort est en chemin.

Au pays d'où je viens
où tout est triste et froid,
dans le brouillard opaque,
brisée, glacée d'effroi,
j'ai entendu soudain
à nouveau un soupir,
un appel d'enfant
qu'il ne faut pas trahir,
et dans ma main sa main,
son corps chaud contre moi.
J'ai senti le courage
qui revenait en moi.
Au bord du grand trou noir
j'ai refusé la mort,
j'ai décidé de vivre,
j'ai retrouvé l'espoir.

Au pays d'où je viens
je ne veux plus aller,
je connais ses frontières
et m'en veux éloigner.
Je demeure encore faible
aide-moi, je te prie.
Oh Dieu, tu es si grand,
je te veux pour appui.

## 2) J'AI TROUVE

J'ai trouvé le pays où l'Amour règne en maître,
un pays tout doré par le soleil divin,
un pays de lumière et j'ai voulu renaître,
pour marcher sans faiblir dans son étroit chemin.

Je te vois, tu souris, c'est le sourire du juste,
de celui qui répond: « Moi, je n'ai nul besoin.
Je marche sur la terre, je suis fort et robuste,
d'un monde imaginaire je refuse les soins. »

J'ai trouvé un pays qui comble mes attentes,
une plage où je peux me reposer en paix,
je suis gardée, aimée, mise à part sous ma tente,
je marche vers un but défini et parfait.

C'est un pays réel et pourtant invisible,
c'est une terre fertile, le pays du pardon.
C'est un lieu de repos, de confiance indicible,
d'abandon en Celui qui connaît votre nom.

Tu dis encore: «J'écoute tes paroles avec curiosité.
Mais ce qui me surprend, c'est que tu es changée.
Dis-moi, ce changement porterait-il un nom,
serais-tu la chenille devenue papillon?»

Une main m'a saisie, je courais vers la mort.
Sa main sur mon épaule, sa voix parle à mon cœur.
Elle me dit: «Tu n'es pas seule, moi, je suis là! »
Alors la mort s'enfuit, je reviens à moi-même,
je suis, je vis, je demeure, Jésus m'aime.

C'est Lui qui est venu, c'est Lui qui m'a trouvée,
Lui, le Divin Berger.
Et j'ai vu ma souillure devant sa sainteté.
Je me suis repentie ,j'ai déversé mes larmes, amèrement pleuré
sur l'état de mon cœur et sur tous mes péchés.

Mort sur une croix pour ses frères rebelles,
par son sang rédempteur, il m'avait rachetée.
J'ai reçu son pardon et la vie éternelle,
qui venait dans ma vie, allait tout chambouler.

Il m'a transformée, peu à peu, avec zèle.
Il le fait encore aujourd'hui pas à pas;
je marche encouragée par ce divin modèle,
je chute, Il me relève, je persévère et crois,
en Celui qui a dit, qu'Il pouvait vivre en moi.

J'ai trouvé le pays de l'Amour réel,
une terre arrosée par un soleil divin,
où mûrit la moisson pour une aube éternelle,
attendant le retour du fils de l'homme, du Dieu qui vient

## 3) LES MOTS

C'est un mot que je dis,
c'est un mot qui s'élance,
et ce mot s'est enfui,
il vire, il vole, il danse.

Je le pensais futile,
il n'est pas innocent,
car les mots sont fertiles,
porteurs de sentiments.

Ils suivent leur chemin

pour atteindre une cible.
L'oreille les entend,
le cœur les passe au crible.

Les uns entrent en scène,
d'autres sont relâchés,
tout dépend de la graine
et du ton employé.

Ils ont pouvoir de vie,
ils ont pouvoir de mort.
Leur pouvoir vient du cœur de celui qui les dit
mais aussi du terrain qu'ils ont trouvé au port.

Les trois coups sont frappés,
le rideau est tiré.
Les souvenirs déferlent qui étaient engrangés;
et saignent les blessures qui en sont ravivées.

Je regrette les mots que j'avais dits alors.
Mes mots t'avaient blessé, je le regrette encore.
Les mots sont de vraies flèches et sitôt élancés,
bien fort sera celui qui les peut rattraper.

Hélas, tu n'es plus là pour que soit effacée,
par ton pardon donné, l'offense du passé.
Oh! J'aurais tant aimé, dans mon humiliation,
te dire que j'avais tort et te donner raison.

C'est pourquoi j'ai choisi de contrôler ma bouche.
Fini les mots tombant comme une froide douche.
Je veux dire les mots que donne le pardon.
Je veux parler, Seigneur, dire les mots en ton nom.

Des mots respectueux, des mots d'amour, des tendres,
Des mots que l'autre accepte, des mots qu'il peut entendre,
des mots vrais, sans flatterie, sans compromis, empreints de compassion,
des mots faits pour guérir, des mots pleins d'attention.

J'aime écouter les mots qui passent,
les mots bénis qui volent et dansent,
les mots précis qui sonnent bien,
les mots vainqueurs sur mon chemin.

Ils résonnent au loin, tous les mots qu'on partage .
Mais où vont donc les mots au terme du voyage,
Sont-ils enregistrés dans l'univers divin?
Lors du grand jugement, compteront nos mots vains.

## 4) LA CITE DE L'ALMOUR

C'est un chant singulier,
un bruit de pas léger sur un chemin de terre.
C'est le cœur d'un enfant
qui vibre en écoutant,
curieux de savoir ce qu'on va dire ou taire.
Je vais donc commencer
mon récit sans détour.
Ce que je vais conter
reste une histoire d'amour.

Il était une fois, Pierre.
Pierre ne connaissait ni père, ni mère.
Abandonné devant la porte d'un couvent,
enroulé dans une couverture, vagissant,
Il a vécu sans bienveillance, sans amour, indigent,
de l'orphelinat au centre social . Il se sait seul sur terre.

Il aura dix-huit ans à la fin de l'année.
Il aime lire et découvre dans une revue, durant la pose déjeuner,
un article qui le captive, illustré de belles photos et titré:
«Vivre dans la Cité de l'Amour». Il en est bouleversé
et se propose d'y aller.

Il lui faudra faire des démarches,
fournir aussi des documents.
Le jour de son anniversaire, il découvre avec étonnement,
un semi-remorque à l'enseigne de la Cité sur une place de stationnement.
La bâche en est fortuitement ouverte. Pierre y grimpe. Le camion se met en marche .

Notre ami, couché entre deux emballages, s'endort rapidement.
Combien de temps dure le voyage, Pierre ne le sait pas vraiment .
Dans le silence d'une aurore pâle, il se réveille brusquement.
Sautant à terre, il s'émerveille du paysage qu'il reconnaît à l'instant.
La mer, la plage , les hautes falaises blanches. La Cité de l'Amour, il est dedans!

La police de la ville aimante repère bien vite l'inconnu
qui, sac à l'épaule et vêtements fripés,
hésite sur la direction à prendre aux carrefours dans la cité.
Ce jeune homme semble en difficulté, il faut l'aider.
Alors deux policiers l'interpellent sur le trottoir d'une avenue.

«Nous sommes ici pour vous aider.», dit le premier. «Bonjour.!»
Montrez-nous je vous prie, dit le deuxième, votre permis de séjour.»
Pierre surpris répond trop vite: «Bonjour!»
fait mine de chercher dans son sac. «Je suis ici depuis deux jours.
Je ne trouve plus mon document. Je l'aurais égaré, comme toujours.»

«Êtes-vous bien sûr de l'avoir eu?» dit le premier, encourageant.
«Certain!» lui répond Pierre, le regardant. «Venez avec nous, ami.»
dit le deuxième agent. Voilà pourquoi, Pierre se trouve maintenant assis
sur un siège numéroté Trois, dans la cour intérieure d'un bâti,
devant dix-sept sièges et un trône blanc.

Deux sentinelles blanches et pourpre s'avancent et avec éclat sonnent
de deux longues trompettes d'argent. «Le jugement royal va commencer!»
Alors vient et s'assied sur le trône, un homme âgé vêtu d'un manteau d'or brodé..
Son col d'hermine et le sceptre à sa main droite attestent qu'il est le Roi de la Cité.
Un jeune homme, l'air noble et doux, siège à la droite du trône .

Douze vieillards sont assis. L'un d'eux près d' un grand livre, sur un lutrin doré.
Les sièges un et deux, sont maintenant occupés.
«Qu'a fait cet homme?»demande d'une voix forte le Roi, sceptre levé.
«Cet homme a tué son frère», répond l'un des vieillards, consulté.
«Que dit la loi?»questionne le Roi. Le livre est alors feuilleté.
La loi dit : «Celui qui tue son frère sera retranché. Il est un assassin.»
«Notez, dit le Roi, la sentence sera exécutée à l'aube, demain.»
«Qu'a fait cette femme?», demande le Roi, sceptre en main.
La femme avait volé et, selon la loi, fût condamnée à mourir le lendemain.
Pierre ne se sentait pas coupable. Il était même assez serein.
Ce fut son tour d'être jugé. «Qu'a fait le jeune homme interpellé?»
«Le jeune homme a menti. Ayant eu l'occasion de se rétracter, il a persévéré?»
«Que dit la loi?» «La loi dit que celui qui a menti est menteur. Il doit être retranché.»
Pierre est atterré. Dans quelle folie est-il tombé?

Alors, levant la main, il demande à être écouté.
«Tout le monde ment, dit-il. J'avais peur d'être refoulé. Si j'avais dit la vérité,
peut-être, m'auriez-vous accepté. J'ai menti et persévéré,
je le reconnais, et le regrette vivement. J'ai de l'argent, je paierai
mon rachat.» «Que dit la loi?» reprit le Roi. Le vieillard répondait:
«Le salaire du péché, c'est la mort. Le pécheur trouvant un substitut sera gracié.»

«Solution impossible, dit Pierre angoissé.
Qui prendrait sur lui ma condamnation?
Qui donnerait sa vie pour moi?
Pour qui serais-je assez important?
Qui m'aimerait assez pour mourir à ma place?»

Dans le silence profond qui suivit ces questions,
sans bruit, le jeune homme assis à la droite du Roi,
le Fils, se lève, regarde Pierre, marche dans sa direction,
se place devant lui, le regarde à nouveau et répond: «Moi!»

Bien sûr, tu as compris et jusqu'où je t'emmène.
C'est une histoire de fou, pour la sagesse humaine,
la folie de la croix.
Il faut la recevoir avec un cœur d'enfant.
Quiconque la reçoit, a la vie éternelle
et ne vient point en jugement.

## 5) CHEZ NOUS

Oh! Qu'il est doux de dire: «Chez nous!»
Dans la paix, le silence, tous les quatre au repos,
mangeons!
Et l'on sent un vrai lien
qui se dégage de nous quatre,
nous berce, nous enveloppe,
nous envahit et nous submerge,
nous fait vibrer ensemble.
Quelque chose de palpable, de doux, de caressant,
une lueur ténue issue de nos quatre êtres,
qui nous éclairerait.
Une essence subtile, qui nous enveloppant,
nous élève avec elle dans la couleur du temps,
jaune, oranger et rouge, jusqu'au plafond de la cuisine,
jusqu'au faîte du toit, jusqu'aux nuées du ciel.
Une effluve paisible, enveloppant le nid
de son parfum d'amour, de tendresse infinie.
On est si bien ensemble!
Et une joie sereine alors nous remplit.
Il fait bon vivre, en famille,
chez nous.

## 6) LETTRE A GABRIEL

J'ai beaucoup oublié, c'est si loin notre enfance!
Mes souvenirs sont flous, il me reste en substance
quelques traits essentiels de ces temps difficiles,
que je veux dérouler pour toi en rouge fil .

L'absence de nos pères par la guerre insensée,
le mien encore soldat et le tien prisonnier,
fit de nos mères bien plus que de simples voisines,
des amies dévouées, partageant et leurs biens et leurs pensées intimes.

Nous étions de ces biens, plus précieux que prunelle,
nous avions le même age, ensemble nous grandîmes,
Toi, « le fils à maman », qu'on appelait Gaby, tu étais Gabriel,
et moi, petite fille, auprès de Mum que je trouvais sublime.

On battait la campagne à vélo si souvent ,
nous aux porte- bagages, nos mères pédalant.
Ce jour là, nous allions où ton père était né,
dans une vieille ferme, pour faner deux grands prés.

On nous avait armés de grands râteaux de bois.
Tu allais vite, tu étais fort, travaillais mieux que moi.
Nous devions ramener le foin sur les andains.
Je voulais t'égaler, mes efforts restaient vains .

Te saisissant alors d'une brassée de foin,
Tu la jettes sur moi et te mets à chanter:
«Le bonheur est dans le pré, cours y vite, il va filer .»
Dans un éclat de rire, tu cours, tu fuis au loin.

Moi, je riais aussi et je t'ai poursuivi,
je courais assez vite et je t'ai rattrapé.
On s'est jeté du foin et longtemps on a ri,
comme rient deux enfants heureux, insouciants, mais conscients d'être aimés.

C'est ici le bonheur que l'enfance a donné,
Il est irréfléchi, naturel, le bonheur de la vie.
Le simple bonheur d'être, d'être libre, de n'être pas jugé,
le bonheur du moment, de la confiance, d'être compris .

Je me souviens de ta Grand-mère, des goûters dans la sombre cuisine,
du lard délicieux et de l'odorant pain dont nous étions avides,
(elle en coupait les tranches, l'appuyant sur sa forte poitrine)
de la goutte de vin dans l'eau fraîche du puits et de leur goût acide.

Je me souviens de la charrette noire et de ses bras levés,
du long fouet indomptable qu'il fallait faire claquer.
Nous grimpions jusqu'aux sièges malgré l'inclinaison.
Tu étais le cocher, le ciel notre destination.

Il y avait aussi le puits avec sa grande manivelle,
la chaîne à dérouler et le lourd seau sur la margelle.
Là, tout près, son tronc d'arbre couché depuis longtemps.
C'était un banc parfait pour chanter, se reposer et attendre les grands.

Des moments de bonheur dans la paix du chemin,
le chemin de la vie, ses bonheurs prennent fin.
On a beau les saisir, on ne peut les garder.
Qui possède un bonheur qui n'est pas passager?

On repartait à pied le soir et les vélos chargés,
un sac de pommes de terre en travers sur le cadre.
Nos mères satisfaites du fruit de leur journée.
Les restrictions vaincues, nous luttions en escadre!.

Le bonheur pour nos mères, c'était que nous mangions
que leur mari revienne en bonne condition
et que la vie s'écoule, à nouveau, dans la paix .
Ils sont bien revenus, mais rien ne fût parfait.

Pour nous, sans réfléchir, nous faisions des exploits.
Nous hissant sur l'étroite rambarde du balcon de l'étage,
nous sautions dans la cour en évitant deux fils d'étendage.
On s'était mis aussi à marcher sur les toits.

Dans la côte voisine, dont le sol sablonneux glissait en avalanches
et malgré tant de pièges à nos courses d'enfants,
parmi les nombreux arbres, pendus de branche en branche,
nous traversions la jungle criant comme Tarzan.

Le bonheur des héros, des limites saisies;
Le bonheur du courage et celui qui construit,
qui permet de faire face, qui arme et endurcit,
de savoir endurer, de résister, de traverser la vie.

Quand nous avons grandi, vous habitiez plus loin, nos vies se séparèrent.
Ton père était rentré et ta sœur était née, mais tu restais mon frère.
La guerre était finie, il fallait reconstruire et ce fût une aubaine.
Votre entreprise prospéra. Toi, tu courais la prétentaine.

Le bonheur des richesses ou des passions cachées!
Il est de bons bonheurs, il en est de malsains .
Les premiers laissent libre, les seconds prisonnier.
Nés de la convoitise, ils ont un goût amer lorsqu'on les atteint.

Tu étais bien trop jeune, quand tu perdis ton père.
je réalisais, ce jour là, brusquement, combien la vie est éphémère.
Car, vivants aujourd'hui, qu'en sera-t-il demain?
Je voulais d'un bonheur solide, non de ces plaisirs vains .

Puis tu t'es marié, tu as eu des enfants.
Moi aussi . Les soucis de la vie ...et que passe le temps!
Lorsque mourut Gérard, dans le cahier, ces mots curieux tu écriras:
«Gérard, excuse-moi, je ne serai pas là.»

Au téléphone, hier, ma cousine me dit:
«L'autre jour, chez Jean-Claude, nous avons vu Gaby.
Sa femme, lorsqu'il marche, doit lui donner le bras,
il parle mais je pense qu'il cache son état.»

C'est pourquoi, je t'envoie, aujourd'hui ce message.
Gabriel, quel beau nom, c'est «La force de Dieu»
ou bien « Dieu est ma force», quel puissant adage!
La charrette s'approche et la fin du voyage sera-t-elle les cieux?

Un bonheur durable, dis-moi , l'as-tu trouvé?
Car le bonheur du pré, bien vite il a filé.
Moi vois-tu, en Jésus, et bien j'ai tout trouvé:
la paix, la joie, l'espérance, le bonheur éprouvé .

Je pleure en écrivant, je te veux encore fort.
Crois dans l'amour de Christ. Recherche son pardon, c'est pour toi qu'Il est mort.
Pour un bonheur qui n'est pas passager mais éternel, Il a tout accompli.
Bien affectueusement, je t'embrasse Gaby .

## 7) AUTANT EN EMPORTE LE VENT

Les jours s'effeuillent au vent qui passe,
l'été s'en va, le temps s'enfuit.
Cent hirondelles brodent l'espace
de boucles folles, sans faire de bruit.

Deux corbeaux noirs quittent leur branche,
ils volent bas en croassant.
Le froid s'approche en brume blanche,
le temps s'écoule incessamment.

Qui peut garder l'instant qui passe
et prolonger le temps présent?
L'heure s'avance, le temps prend place
dans le passé tranquillement.

Battent les heures, battent les ailes,
les hirondelles sont parties.
Le vieux clocher au vent égrène,
les douze coups de la mi-nuit.

La nuit est là, le temps s'efface,
dans la douceur d'un bon lit.
Les souvenirs refont surface,
c'est l'heure de repenser la vie.

Il y a les coups et les blessures,
qu'on a reçus, qu'on a donnés,
ce qui est encore meurtrissure,
ce qu'on regrette. Le temps d'aimer.

C'est le moment où l'on pardonne,
pour être libre, pour être bien.
Reconnaissant ce que nous sommes,
la vérité brise nos liens.

Pour un instant de repentance,
pour la volonté de faire mieux,
on s'humilie dans le silence,
alors vient le pardon de Dieu.

C'est douloureux le temps fugace,
Temps du présent, temps de l'oubli.
Les oiseaux volent, les saisons passent,
un jour nous partirons aussi.

Vers quels lieux, sur quelles traces?
L'éternité est un défi.
Il vit en nous ce grand espace.
C'est le printemps, demain surgit.

L'Amour parfait chasse la crainte
et la lumière donne la vie.
Les années passent, les heures tintent,
je me repose en Jésus- Christ.

## 8) 8) FATIGUE

Ma lassitude est telle en ce doux soir d'automne,
Que je voudrais dormir, jusqu'au printemps doré
du bourdon des abeilles et tout bleu de soleil.

## 9) 9) CONJUGAISON

Je suis l'arbre, le sable, le val et la prairie.
Tu es lumière, vent, froide neige ou bien pluie,
et ton vibrant rayon jusqu'à mon cœur pénètre.
Que ton sourire renaisse et alors la tempête,
qui m'écrasait le cœur et me courbait la tête,
s'éteint en m'éclairant.

Je suis la feuille folle de l'arbre détachée
qui trop loin de sa branche, ne peut que succomber.
Tu es souffle de vie, tu es la force calme,
qui m'élève avec toi et me fixe à ma palme,
redonnant à mon cœur l'espoir et la santé,
douceur paisible et volonté.

## 10) NOËL D'ENFANCE

Noël sera sans neige et bien doux cette année,
Les vitrines déjà se sont illuminées.
Des sapins frais coupés sentent bon la résine,
le notre est sur son socle, au coin, dans la cuisine.

On y mettra ce soir des guirlandes dorées
avec au bout des branches, des boules argentées.
Au faîte on fixera l'étoile recouverte
d'un beau papier gardé du choco en tablette.

Mes dix ans sont heureux et mon âme est sans crainte.
Comme j'aime Noël, c'est une fête sainte!
Déjà, Maman a fait la grotte de papier
où Joseph et Marie attendent un nouveau né.

Mes parents vont rentrer, je prépare la table
et je pense à Jésus naissant dans une étable,
à son humilité, lui qui venait des cieux.
Choisir un tel berceau pour le fils de Dieu!

Quand je me mets au lit, le cœur rempli d'étoiles,
je repense aux bergers, tout là-bas, à qui l'ange
annonce la naissance du Sauveur et dévoile
la grandeur de l'enfant et son destin étrange.

«N'ayez pas peur! Aujourd'hui, dans la ville de David,
vous est né un Sauveur qui est le Messie, le Seigneur.»
Et je vois des moutons sur de grandes collines, humides
de rosée car la nuit est tombée, le ciel illuminé d'une intense lueur.

Des bergers sont debout, de blancs manteaux drapés.
Le feu qui réchauffait leur nuitée s'est éteint.
L'atmosphère vibre encore des louanges chantées.
Je m'endors brisée par la joie qui m'étreint.

## 11) PREMIER NOËL

Près de Jérusalem, à seulement six milles,
s'étend une région tendrement vallonnée,
où de vastes prairies sur le flanc des collines
jouxtent une douce ville et ses verts oliviers.

La ville porte un nom que cite le prophète: Bethléem Ephrata.
C'est là que le messie annoncé devait naître.
Mais Marie et Joseph habitent Nazareth,
quel est l'événement qui les déplacera?

Dieu agit depuis Rome où l'Empereur Auguste
veut recenser l'Empire. Joseph et son épouse partent pour la Judée.
Joseph est en effet descendant de David et il est juste
de rejoindre sa ville ancestrale afin d'y être décompté.

Lorsqu' arrivèrent Joseph et Marie sur le point d'accoucher,
ils ne furent pas admis dans une hostellerie.
L'écriture ne dit pas où leur enfant est né, mais on lit
que Marie l'enveloppe de langes et que c'est la mangeoire qui de berceau servit.

Revenons pour l'instant dans les verts pâturages
où des brebis s'égaillent sous l'œil des bergers.
Ils veillent jour et nuit afin de protéger
les mères et leurs agneaux des prédateurs sauvages.

Qui sont donc ces bergers à qui l'Ange apparaît,
pour qui la nuit s'éclaire et la Gloire resplendit?
Pourquoi donc à ces hommes qu'on traite avec mépris,
le Seigneur des Armées, des myriades envoyait?

Qu'ont-ils de spécial ces lieux et ces bergers?
Ils sont les gardiens d'un troupeau réputé,
éleveurs des agneaux qu'au temple on offrira
pour le jour de la Pâque et qu'on immolera.

Il faut selon la loi, des agneaux sans défaut,
voilà pourquoi on veille avec soin le troupeau.
Une brebis est-elle près de la mise à bas,
on l'extrait de l'herbage, elle n'accouche pas là.

A Bethléem, Migdal Eder est la tour du troupeau.
C'est une tour de pierre où naissent les agneaux.
L'étage supérieur permet de faire le guet, prévenir des dangers.
Le rez de sol est pour les parturientes, salle d'accouchement, c'est la maternité.

Dès leur naissance, les agneaux avec soin seront examinés.
S'ils sont parfaits, sacrifices acceptables, les bergers aussitôt les mettent. dans des langes
puis les couchent dans la mangeoire où ils se trouvent protégés.
Ce sont donc des bergers particuliers qui reçurent ces paroles de la bouche de l'ange.

«Aujourd'hui, dans la ville de David, vous est né un Sauveur
qui est le Christ, le Seigneur. A ce signe vous le reconnaîtrez:
Vous trouverez un nouveau né, de langes enveloppé,
dans une mangeoire couché.»

Où est donc né Jésus? Dans une grotte, entre le bœuf et l'âne gris?
A l'arrière cour de l'auberge, dans l'écurie?
Ne serait-ce pas dans la Tour du Troupeau, comme en parle Michée?
Marie n'aurait-elle pas trouvé les bandes des bergers,
pour l'emmaillotement de l'Agneau nouveau né?

## 12) SE SOUVENIR

J'ai planté des pensées, hier, au cimetière,
sur la tombe effondrée des Juifs qui se cachaient
près de chez nous, pendant la guerre.
Voisins discrets, on savait taire qu'ils étaient là. On les aimait.

Les pensées jaunes, les pensées bleues, les pensées pleurent
aujourd'hui sous la pluie qui tombe d'un ciel bas.
Elles disent encore, l'angoisse d'un vieux couple terré en sa demeure,
dont le vrai nom est inscrit là, sur une tombe au cimetière où nulle visite ne viendra.

Pleurent les temps, pleurent les vies,
les vies brisées, les vies perdues,
dans les massacres, la barbarie,
les camps d'extermination, dans les rues.

Bleues les pensées du cimetière, bleus les papiers sur les carreaux,
qui dissimulent la lumière, filtrant malgré les rideaux.
Le couvre-feu est de rigueur, il est prudent d'être discret,
car on écoute l'Angleterre: «Les Français parlent aux Français .»

Les bombardiers passent et grondent souvent la nuit sur les maisons,
On dort quand même, on fait confiance, mon père s'habille pour ses missions.
Il rejoint l'armée clandestine, par la cour et les jardins.
Les pensées jaunes sont pour ma mère, moi je dors jusqu'au lendemain.

Pensées de mort, pensées de vie,
pensées de peur, pensées d'espoir.
Que la mission soit réussie,
Que papa rentre encore ce soir.

Poussent les pensées dans la terre et la folie dans les cœurs noirs.
Les dénonciations font fureur, la Gestapo le désespoir.
Les FFI passent en trombe dans leurs camions décapotés,
les Allemands les poursuivent, debout, armés, prêts à tirer.

Je ne trouve plus mes échasses que je braquais comme un fusil.
On salue le drapeau en classe, on chante «Maréchal nous voici ».
En cas d'alerte, vite, dans les sous-sols il faut aller.
Les Allemands réquisitionnent les productions des ateliers.

Bleues les pensées qui pleurent sous la pluie,
Bleu de la France au drapeau de l'école.
Les pensées pleurent tous ceux qui sont partis,
La France pleure tous ceux qui l'abandonnent.

Il faut survivre.C'est un problème chaque jour: on mange quoi?
Ce sont les privations, le rationnement, les tickets que l'on donne
aux commerçants pour avoir droit à tant de grammes par personne.
Tout est compté, pesé, mesuré -Pas d'obèse- et c'est cher par surcroît

Bien sûr, il y a la campagne où rien ne manque, mais pas pour toi.
Maman vient faire gracieusement de la couture, pour la faveur d'acheter
des œufs, du lait, un peu de beurre et de viande, quelques légumes déclassés,
toutes denrées indispensables, au marché noir, «c'est pas donné .»

Les pensées rient dans la campagne,
les poules passent en caquetant.
Le bas de laine du fermier et sa compagne,
se remplit bien, ils sont contents.

Tout ça par la folie d'une idéologie trompeuse, d'une pensée bestiale,
d'un petit homme qui se veut grand au cœur d'un Reich de mille ans.
Un autre vient, bien plus méchant, briguant le pouvoir mondial.
Pensées d'union, puis de massacre, il régnera pendant sept ans.

Plus rien ne va, c'est la déroute. Qui relèvera le marché?
La politique est en cavale, les institutions perdent pied.
Les hommes demandent un chef, une tête, des idées.
La Bible l'appelle «la Bête», voici, son règne est arrivé.

Les pensées bleues, les pensées jaunes, perdent leurs pétales veloutés.
Les poules crient et s'égosillent: «Il est parti, le temps d'aimer.»
Le bas de laine s'est vidé, les mites en ont mangé la trame,
Et les enfants de la Patrie chantent en chœur, une gloire qui n'a plus d'âme.

## 13) CHANT DE VICTOIRE

Voilà, la guerre était finie,
On avait vaincu l'ennemi.
C'était la joie dans mon faubourg.
L'un sifflotait, l'autre chantait,
la ritournelle au goût du jour :
«Les cigognes sont de retour» .

Pour bien marquer ce temps de grâce,
le bal musette de la grand' place
avait commencé en bûcher :
Hitler on avait fait brûler.
Un gros pantin bourré de paille,
la croix gammée sur le poitrail.

Nous, les enfants de mon quartier,
nous l'avions longtemps promené
dans la charrette du boulanger, par les ruelles.
Certains avaient craché dessus
ou prononcé des mots très crus.
La liberté prenait ses ailes.

Les cigognes regagnaient leur nid,
les comptes se réglaient aussi.
La corde au cou, la pierre au bout, au fond du Rhône, sans coup férir,
Les collabos, certaines nuits, allaient apprendre à ne plus nuire.
J'ai vu des femmes qu'on tondait, j'ai vu des mères qui pleuraient.
Le rideau de la guerre se fermait.

Ainsi est fait le cœur de l'homme.
Il a la volonté, non le pouvoir de faire le bien
et il fait ce qu'il hait. C'est une loi qui n'est pas bonne
mais qui règne sur lui et le tient dans ses liens.
Seul Jésus qui s'est fait homme, a vaincu la loi du péché.
Dans son amour puissant il donne, ce qui est la vraie liberté.

Les ailes blanches des cigognes,
Que l'on chantait comme un symbole
de liberté retrouvée, ont fini par nous égarer.
Aujourd'hui, le mot «liberté» se renfrogne
à grand renfort d'absurdité,
et elle a pris du plomb dans l'aile, la blancheur de la liberté.

Je te serai toujours fidèle
jusqu'à ce que la mort nous sépare:
Ce serment fuit à tire d'aile,
dans nos bons, nos mauvais départs.
On divorce deux fois sur quatre et ceci dans tous les milieux.
L'union libre a pris la place, c'est plus pratique, ça convient mieux.

La liberté brille en surface,
l'esclavage des passions se cache.
Libre ou esclave, à toi la face, le côté pile n'est pas brillant.
Il y a les préservatifs pour les Lycéens librement,
On prend son pied, on s'éclate, c'est le vocabulaire maintenant.
L'avortement se légalise, la cigogne se scandalise, on tue des millions d'enfants.

La fausse liberté se drape de toute sa légalité,
elle avance en catimini, couverte de solennité.
On marie les homosexuels, même à l'église maintenant.
Le sens des mots se transforme, ce n'est plus du Français courant.
Telle femme a une femme, tel homme a un mari; J'en suis chagrin.
On appelle couple, une paire d'hommes. La liberté perd son latin.

J'entends encore maman qui chante,
s'accompagnant sur le piano.
J'entends sa voix, j'entends ses mots.
C'était un vieux piano d'ébène,
et il était désaccordé. Les mots s'envolent, les mots s'égrènent,
Le temps des cigognes est passé.

## 14) VICTOIRE

Demeurés sans enfant après dix ans de mariage, mes parents s'émerveillèrent
lorsque deux ans avant la guerre, je m'annonçais.
C'était un fils qu'ils souhaitaient, c'est une fille qui naissait.
Les vêtements bleus du garçon lui allèrent, elle avait les yeux bleus de son père.

Ma vie s'élançait, ainsi qu'un frêle esquif mis sur la mer.
Tous les espoirs permis aux parents qui espèrent,
l'horizon découvert au fragile bastingage,
et le livre de bord à écrire page à page.

Mais on n'arrive pas au terme d'un voyage,
sans avoir évité quelqu' imprévu naufrage,
sans avoir côtoyé, près de la vie, la mort
et sans bien s'arrimer pour rester à bord.
Les écueils sont là, il faut les éviter.
Il faut passer les caps et longer les falaises.
On ne navigue pas sans fatigue, avec aise,
Il faut souvent lutter pour rejoindre le port.

Quand débuta la guerre, c'est en simple soldat qu'était parti mon père.
Le pont sur le Guiers sauta, les maisons voisines tombèrent, nous y étions locataires.
Exploit du génie militaire, Maman se retrouva sans toit, sans rien, seule avec moi.
L'amitié nous a sauvées de la misère. Nous apprîmes à tout perdre et conserver la joie.

C'était l'été de mes six ans. A la canicule du jour, la fraîcheur de la nuit succédait.
La porte de la chambre ouverte sur la cour, dans mon lit d'enfant, je dormais.
Un rat d 'égouts affamé passant par là, sans plus de manière entra..
Croquer le marmot le tenta, il commença par un bras et le marmot croqué pleura.
Les pleurs de l'enfant alertent père et mère. On sonne le branle-bas.
C'est ainsi que parents et enfant entrèrent dans un intense combat.
Vingt et un jours et nuits de lutte obscure, contre la peste, contre la mort.
Le vingt deuxième au matin la fièvre tombe, le cap est dépassé, l'enfant vit. On dort !

Ainsi en va la vie. Le vent souffle où il veut, sa voix tu l'entends bien
mais tu ne sais pas où il va, mais tu ne sais pas d'où il vient.
Quand tes voiles se gonflent au gré d'un doux zéphyr ou violent aquilon,
et même naufragé sur une île déserte, combats le bon combat sans baisser pavillon .

## 15) IL PLEUT

J'aime entendre la pluie qui frappe à ma fenêtre,
J'aime la pluie qui tombe lorsque le temps est chaud.
Elle vient rafraîchir l'air brûlant qui pénètre,
Jusqu'au frais de ma chambre; Elle frappe au carreau.

Elle dit: «Je n'entre pas mais j'annonce Septembre,
Hâte-toi de sortir, il fera froid bientôt,
déjà les hirondelles sur les fils s'assemblent,
elles vont s'envoler vers des pays plus chauds.»

Alors j'ai enfilé mes bottes et j'ai mis mon gilet. J'ai doucement fermé
la porte de ma chambre, mon bureau solitaire qui surmonte les toits.
Mon parapluie ouvert et mon panier au bras, marchant du pas léger
de celui qui écoute, j'ai pris le creux chemin qui se cache et s'égoutte au cœur du bois.

Je percevais le bruit que fait l'eau qui ruisselle jusques au fossé bas.
La pluie avait cessé sous le couvert des arbres. Une fine belette décampa dans l'effroi,
deux tourterelles s'approchèrent, des merles hardis me sifflèrent, un coucou m'appela.
Mon but était la clairière champêtre où des vaches l'été, séjournaient quelques mois .

Je pensais y trouver, après la chaleur d'Août et la pluie arrivée,
quelques beaux champignons frais éclos, de délicieux rosés des prés.
Les vaches étaient rentrées et là dans l'herbe drue fraîchement repoussée,
comme des œufs tout blanc sur le vert du pré, s'offraient les agarics que j'avais espérés.

Mon panier plein, tout mon être apaisé,
dans l'air humide et tiède qui montait de la terre,
sur le chemin étroit des grands sols labourés,
levant les yeux, je louais notre Père.

Le soleil se couchait lorsque je suis rentrée,
le ciel lavé était plein de lumière,
et j'entendais, au carreau de ma chambre élevée,
battre le cœur de Dieu pour tous les humains de la terre.

## 16) SUZANNE ,SUZON ,SUZETTE

Elle s'appelait Suzanne. On la disait simplette, mais c'était médisant.
Elle est morte Suzanne, à quinze ans, un jour de Mai plein de printemps.
Je ne sais pas pourquoi, ni de quoi elle est morte. On s'était dit: « à demain!»
Elle s'est effacée Suzette, comme une fleur qui meurt au talus du chemin.

On habitait la même rue, peut-être à trois cents mètres, sur le même trottoir.
Elle avait adopté, je ne sais dire quand, l'habitude de me prendre en passant chaque soir.
Elle sonnait, je regardais par la fenêtre. C'était Suzanne, je descendais.
Et chacune son bidon à la main, nous marchions côte à côte  et nous allions au lait.

La ferme était à un bon kilomètre. Je ne sais plus de quoi Suzette me parlait.
Ma Grand-mère habitait sur notre route. J'allais voir Mémé, Suzanne m'attendait.
Elle me disait: «Sois gentille avec ta Grand-mère, remercie pour ce qu'elle te donne.»
Moi ,je n'attendais rien que de savoir qu'elle allait bien, que sa santé était bonne.

Lorsque nous arrivions la traite était finie, le lait passé au filtre de chiffon.
La fermière mesurait trois quarts pour Suzon, pour moi un demi que je payais comptant.
Elle faisait crédit à Suzanne et inscrivait la date, la quantité, dans son carnet marron.
On parlait quelque peu d'une chose, de l'autre, et puis on repartait sautillant et chantant.

Je me demandais toujours ce qu'elle craignait, ce qu'elle vivait, Suzette.
Je la trouvais si maigre, à peu près de ma taille bien que de deux ans mon aînée.
Si maigre et si fragile, le buste un peu courbé, comme une violette
au subtil parfum dont il faut se défaire pour être tolérée.

Elle avait une sœur bien ronde et bien replète,
qui, le pensais-je alors, n'aimait pas trop Suzette.
Était -elle méprisée, rejetée? Elle était pourtant fine dans ses sentiments,
Elle paraissait sentir mes peines, mes tourments.

Une fois l'an pour la fête des mères, au chemin du retour, chez Marguerite on s'arrêtait.
Je sonnais au portail et pour maman et la maman de Suzanne, mendiais
quelques branches de boules de neige de l'arbre qui en était chargé.
Je tremblais car la dame buvait et avait accroché derrière sa porte, un fusil prêt à tirer.

Je me souviens de l'avoir, un dimanche, invitée
pour un repas de famille. Nous étions quinze, il faisait beau.
Elle m'avait offert, Suzanne, un magnifique mouchoir blanc festonné,
avec mes initiales que sa maman sans doute avait brodées. Elle était fière de son cadeau!

Puis je n'ai plus revu Suzanne et je suis allée seule au lait.
J'ai essayé de frapper à sa porte, personne ne répondait.
J'appris un jour qu'elle était morte et qu'on l'enterrerait tantôt.
je décidais de suivre son cercueil jusqu'au tombeau.

C'était encore les chevaux et le corbillard.
A treize ans, tenant d'une main tremblante le pompon noir,
pour la dernière fois, je marchais auprès d'elle,
pensant au paradis, à la vie éternelle

Au mois de juin suivant, pour la fête des mères,
Marguerite m'a donné deux gros bouquets tout blancs.
Le premier fût pour ma mère. J'ai porté l'autre au cimetière,
avec un beau caillou trouvé près du ruisseau, un caillou tout brillant.

J'ai pleuré sur Suzanne et sa douce innocence,
J'ai regardé plus loin où s'ouvre l'horizon.
Et, avec ces trésors, j'ai laissé mon enfance
au creux du clair vallon où reposait Suzon.

## 17) LE LOUP NOIR ET LE LOUP BLANC. ..

C'est une histoire que j'entendis,
C'est une histoire d'un grand prix.
Avec mes mots je la raconte
bien approximativement, j'en ai honte.

Il s'agit d'une vieille histoire, histoire d'Indiens.
Peut-être de la Cordillère des Andes, je n'en sais rien.
Histoire de Sioux ou d'Iroquois, d'Amazoniens?
Assurément d'Amérindiens, je m'en souviens.

Un grand-père, dépositaire des traditions ancestrales,
soucieux de transmettre son héritage familial,
enseignait son petit enfant, lui disant:- « crois-moi,
mais vérifie ce que je dis, regarde en toi.

Il y a, en chacun des membres de notre clan,
un loup noir et un loup blanc,
qui constamment se font la guerre et soufflent leurs suggestions,
à tout instant, pour chacune de nos décisions.

Le loup noir dit: « pense à toi, se faire plaisir est le principal, satisfais tous tes désirs.»
Le loup blanc est prudent, il dit: « sois sage, aime, ne te souille pas, mieux vaut mourir.»
Le loup noir t'appelle à dissimuler,
le loup blanc, à la clarté.

Le loup noir se nourrit de commérages,
de haine, de peur, d'amertume, de jalousie, de médisance.
Le loup blanc prospère dans le vrai courage,
le pardon, la joie, la douceur, la vérité, la repentance.»

Dis-moi Grand-papa: « Quel est celui qui gagne.»
«Celui qui gagne, c'est le plus fort, comme l'ours de la montagne.
Tu reconnaîtras qui est vainqueur en examinant tes actions,
et dans les situations difficiles, quelles sont tes réactions.

Le loup sombre agit avec précipitation, colère, égoïsme, orgueil, impureté.
Le loup clair incline à la réflexion, la générosité, la bienveillance, la netteté.
Celui qui gagne est le loup auquel tu dis oui,
Celui qui gagne est le loup que tu nourris.»

## 18) L'AUTOMNE.

L'automne est là, brusquement arrivé,
comme ces rayons blancs qu'attache la rosée
au champ humide et frais, dès le lever du jour.

Et voilà que Septembre apporte avec amour,
une lumière chaude et toute parfumée,
qui des grands prés élève en un doux voile doré,
la froideur des tons verts et vient tout embraser.

## 19) EN EFFEUILLANT LA MARGUERITE

Marguerite
a une marmite
où cuisent de gros jambons.

Marguerite
fait cuire des frites
qui croustillent et sentent bon.

Des hommes viennent
chez Marguerite,
pour manger frites et jambon.

On raconte que Marguerite
est tombée dans la boisson,
lorsque l'enfant de Marguerite
fût condamné à la prison.

Elle rit fort Marguerite,
mais son cœur saigne au dedans.
Je parie fort que Marguerite
n'aime pas tous ses amants
et qu'elle souhaite Marguerite
une autre vie, un autre temps.

Alors je prie pour Marguerite,
je prie aussi pour son enfant;
Qu'elle rencontre Marguerite,
celui qui l'aimera vraiment.

Qu'elle se repente Marguerite
car sa peine ne la justifie pas.
Tout le travail de Marguerite
n'est pas prière, comme elle le croit.

Oh! Si tu savais Marguerite
l'amour que Jésus a pour toi,
tu pleurerais chère Marguerite
sur tes péchés et sur la croix.

## 20) LE SOIR

Dans le silence de Septembre,
Lorsque descend la paix du soir,
Le soleil plonge et teinte d'ambre,
L'horizon rouge avant le noir.

Dans les soupirs du temps qui flâne,
Souffle un vent frais, un vent léger,
Qui fait frémir nos vieux platanes,
Agite d'or les peupliers.

Un oiseau crie et l'oiseau passe, il s'en va vers son destin,
Son cri inonde le silence. En fluides vagues il se répand,
jusqu'à baigner le paysage d'une joie douce au cœur souffrant.
Le cri s'estompe, l'oiseau s'efface, reste le calme souverain.

Le connais-tu ce calme tendre que l'on ressent quand vient le soir?
Ouvre ton cœur à son attente, saisis l'amour du Créateur.
Reçois en toi la paix profonde, prémices d'un parfait bonheur.
Souviens-toi, garde le message de l'oiseau blanc criant l'espoir.

La nuit déjà étend ses membres,
Le vent d'ouest s'est établi.
Il souffle souvent en Septembre.
Pour demain, prévision de pluie!

## 21) PAQUERETTE

Elle est coquette, Pâquerette,
elle est quelqu'un de bien.
Elle a même une collerette
de velours et de blanc satin.

Elle est proprette, Pâquerette,
on en dit beaucoup de bien.
Elle repasse sa collerette,
sa réputation, elle y tient.

Car la blancheur de Pâquerette,
est évidente, on la voit bien.
Mais le vrai cœur de Pâquerette,
est bien caché, on n'en voit rien.

Peut-être que sous la collerette,
on trouverait chez Pâquerette,
des sentiments un peu souillés,
et des pensées de roturier.

Les apparences sont à Pâquerette,
plus importantes que la réalité.
A tel point que Pâquerette,
se trompe elle-même sur son identité .

Elle est Chrétienne, Pâquerette,
et qui pourrait en douter.
A l'office, chaque Dimanche, c'est régulier,
et Dieu doit bien le remarquer.

On l'entend souvent, Pâquerette,
à haute voix, chanter, prier.
Elle donne à chaque quête,
Elle a des œuvres, de la bonté.

Elle se croit juste, Pâquerette,
d'une justice qu'ont mérités,
ses bonnes œuvres, ses sacrifices, une certaine sincérité,
ses souffrances, sa grande religiosité.

Elle se confesse, Pâquerette,
mais vite retombe dans ses péchés.
Elle reste esclave, Pâquerette,
Jésus voudrait la délivrer.

Elle ne sait pas, Pâquerette,
que c'est par grâce qu'on est sauvé,
une faveur imméritée.
C'est gratuit, Jésus a payé.

Qu 'elle connaisse un jour, Pâquerette,
de Dieu la grâce, de Dieu l'amour!
Elle reste pleine de grâce, Pâquerette,
par son sourire, par ses atours.

## 22) JARDIN D'ENFANCE

Ma fenêtre est ouverte,
et le vent qui pénètre,
fait frémir le rideau
et battre les ventaux.

Il sent le basilic, l'ail nouveau, la menthe poivrée,
les fleurs du jardin fraîchement arrosé.
Et ces parfums ténus que la brise transporte, ouvrent à ma mémoire le lointain tableau,
d'un petit jardin parfumé d'angéliques, entouré de hauts murs, aux rives d'un ruisseau.

Les cailloux du ruisseau, sous le soleil brillaient,
des tanches des fontaines quelquefois mouchetaient,
et l'on enjambait l'eau par un vieux pont de pierre,
pour trouver enfouie sous son linteau de lierre,la porte dérobée du jardin de Grand-mère.

Les murs sont de pierre sèche et la porte de chêne.
Elle se ferme à clef, le soir quand on s'en va,
et l'on cache la clef dans un creux du grand frêne,
qui pousse les pieds dans l'eau, du ruisseau, juste en bas.

Mon Grand-père cultivait ici des légumes en ordre,
alignés et rangés comme un vrai bataillon.
Maintenant qu'il n'est plus, poussent dans le désordre,
quelques tomates, un céleri, des haricots à rame, multitude de fleurs et des potimarrons.

C'est dans ce doux refuge qu'on allait autrefois,
ma Grand-mère et moi.
Elle respirait mal, je lui donnais le bras.
Et elle chantonnait les airs de son enfance, à l'enfant que j'étais, qui marchait à son pas.

On écoutait la voix du ruisseau qui murmure.
Le jardin sentait bon le thym, l'angélique et les roses d'antan.
On cueillait un bouquet, quelques légumes mûrs.
On était bien ensemble. On rentrait apaisées et le cœur content.

Oh, comme j'ai aimé ce jardin de l'enfance, si odoriférant,
et ma vieille Grand-mère qu'on soignait si souvent.
J'ai aimé l'écouter et suivre ses conseils, aimé ce qu'elle aimait, la nature et le vent,
aimé m'asseoir chaise à chaise près d'elle, lui faire la lecture qu'elle suivait ardemment.

Elle m'a tant appris des sentiers de l'enfance:
partir à l'improviste, marcher droit devant soi,
manger la pomme verte que l'on cueille à la branche,
les mûres du buisson qui vous saignent aux doigts.

Allumer un bon feu, courir dans un pré vert avec un cerf-volant
ou placer au ruisseau un moulinet fragile qu'on viendra voir souvent.
Aimer se rendre utile, aider, en être heureux,
être solidaire des membres de la famille, savoir qu'on peut compter sur eux.

Qu'est-il donc arrivé sur la terre pour que soient aujourd'hui estompés,
l'amour, le partage, l'écoute des conseils, entre aïeul et jouvenceau?
L'enfance, le mariage, la famille, piliers éternels sont brisés
On construit sur d'autres bases, on entre dans des jours nouveaux.

Quel vent souffle sur le monde,
la destruction et le cahot?
Le vent palpite, le monde gronde,
la fin des temps est pour bientôt.

## 23) CHANGEMENT DE PROPRIETAIRE

Jean-Louis visite la maison: Parfait!
Propre, claire, fonctionnelle,
deux chambres comme il souhaitait.
Agréable aussi le propriétaire actuel.

De plus, un tableau qu'il trouve charmant
rayonne de couleurs sur l'un des murs blancs.
Le vendeur le laissera obligeamment,
en cas de vente, naturellement.

Jean-Louis conquis, un jour s'installe,
dans la maison achetée.
Il est heureux et il étale,
son bonheur et son mobilier.

C'est Samedi, demain dimanche,
il va pouvoir se reposer.
La grâce-matinée sera pour lui revanche,
Il est dur de déménager!

Sept heures, dimanche matin,
quelqu'un frappe à la porte.
Jean-louis glisse sa tête sous le coussin.
Le visiteur insiste jusqu'à ce qu'on sorte.

Il s'agit de l'agréable vendeur,
qui rend visite à l'acheteur.
Il profitait du temps si beau,
il venait voir son tableau.

Le beau temps se maintenait.
Aussi, dimanche après dimanche,
le visiteur persévérait.
Deux mois durant, matinée blanche!

Jean et Louis se concertent,
car vraiment, c'en est trop!
Louis rendrait le tableau,
Jean veut une discussion ouverte.

Jean-Louis en vain plaidera.
L'homme se bloque et n'entend rien.
Il viendra tant qu'il le voudra,
car ce tableau est bien le sien.

Louis veut lui casser la figure,
Jean préfère s'en abstenir.
Le tableau décroché, sera sans coup férir,
rendu à l'homme qui mal augure.

En effet, le dimanche suivant,
à sept heures tapantes, quelqu'un frappe à l'auvent.
Tu devines l'auteur des coups,
l'ancien propriétaire vient voir son clou.

Louis fermerait la porte au nez,
Jean préfère le laisser entrer.
Jean-Louis va chercher des tenailles,
afin de rendre la ferraille.

Une fois enlevé le clou,
l'ancien propriétaire a un trou.
Ayant acheté du mastic,
Jean-Louis excédé, un soir s'applique.

Il bouche
le trou
du clou,
du tableau
de l'ancien propriétaire,
qu'il met définitivement à la porte.

C'est ridicule cette histoire,
je l'ai écrite pour m'amuser.
Elle mérite cependant quelques miettes
de réflexion avant de se voir jetée.

L'ennemi est malin et il sait faire valoir ses droits,
sur la maison qu'il occupait autrefois.
Soyons donc vigilants, ne gardons nulle attache,
au péché qui jadis nous donnait de la joie,
mais qui devient pour nous, aujourd'hui une tache
souillant le vêtement blanc revêtu par la foi.

## 24) C'EST ENFANTIN

En noir, en gris, j'ai dessiné,
une maison sur un rocher.
Une porte, deux fenêtres, une cheminée,
un chemin zigzaguant pour arriver.

Quand la cheminée a fumé,
la mine du crayon s'est cassée.
J'ai pris un pinceau, des couleurs,
j'ai peint un ciel bleu et rieur.

Juste à côté de la maison,
j'ai mis du blé pour la moisson.
Puis sur le versant, un pré
et dix moutons et un berger.

Il a une longue houppelande,
et marche à grands pas dans la lande.
Les moutons le suivent en broutant
les herbes le long du chemin montant.

Les voilà bientôt parvenus,
au sommet du rocher ardu.
Dans le ciel bleu, j'ai ajouté,
deux gros nuages un peu foncés.

Mais alors, le vent s'est levé,
une pluie cinglante est tombée.
Vite, il faut une bergerie,
pour servir au troupeau d'abri.

Cela fût bientôt esquissé,
la porte ouverte pour rentrer.
On avait prévu du fourrage,
pour les brebis, en cas d'orage.

Quand les moutons furent abrités,
le berger aussi est entré.
Il a laissé la porte ouverte,
et contre le mur, sa houlette.

Avis à qui veut s'approcher,
il trouvera un bon berger,
qui veillera sur lui toujours,
s'il se confie en son amour.

J'ai effacé mes deux nuages,
ceux qui étaient chargés d'orage,
et j'ai signé d'un arc en ciel,
pour une alliance éternelle.

## 25) FARANDOLE

Oyez, Oyez braves gens, et que chacun s'apprête !
Hissez bien haut les pavillons !
Sonnez trompettes et militons !
Réjouissez-vous, voilà qu'arrive un jour de fête.

Les coquelicots écarlates, sous le brûlant soleil d'été,
éclairent de rouges stigmates , la pâleur dorée des blés.
Ils crient aux quatre vents: «L'été est arrivé et l'on va moissonner,
le produit des principes semés et piétinés.»

Les chars sont chargés, on récolte à foison,
ce qu'on a vu pousser sans prêter attention.
Voici venu le temps des grands engrangements,
d'un fruit au goût amer, au parfum enivrant.

Car l'enfance n'est plus, elle a été tuée,
et les enfants décident : voir les publicités.
Il faut des vêtements aux marques affichées
et le dernier smartphone pour être bien coté.

Il faut des champions et il faut des vedettes,
qui gagnent en un jour ce qu'on gagne en un an .
Ils servent de modèles, ils sont tellement chouettes,
on veut leur ressembler on devient impudent.

Foin de l'autorité parentale, les parents ont baissé les bras.
Et qui aurait assez de force pour résister à l'enfant roi?
On est ailleurs, on couche chez la copine. Moins de contact, moins de tracas.
Le téléphone fait lien dans la famille. On ne dialogue plus chez soi.

Les enseignants sont dans la crainte, on les a déjà menacés.
Les parents veulent de bonnes notes, les interros sont tempérées.
Les élèves passent de classe en classe, tranquillement, sans trop forcer.
Ça prépare la lutte des classes mais on est loin de s'en douter.

Pleurez adultes, tremblez jeunesse, les vraies valeurs sont bafouées,
nous travaillons à la faiblesse de la future humanité.
Tout est faussé, falsifié, on ne vit que dans l'apparence et l'on marche les yeux voilés.
La vérité a pris ses ailes, on l'a trompée, on l'a chassée.

Avez-vous vu tous nos obèses, nos dépressifs et nos drogués?
Il y a un profond malaise, dans toute notre société.
On se tatoue, on s'efféмine, les vêtements font dénudé.
Le bon sens n'est plus de mise, affichons l'impudicité!

Le naturel se carapate, à treize ans on est maquillée.
On ne craint plus le ridicule, c'est une notion périmée.
Et pourquoi ces unions libres, ces films X à la télé?
Les mœurs dévoyées sont légitimes. Mais où va donc l'humanité?

La publicité se déchaîne, il faut avoir et profiter.
L'argent a pris tant d'importance, c'est Mammon qui est honoré.
On doit produire en conséquence et depuis quelques décennies,
l'agriculture change de face, elle se fait industrie.

La planète s'agite et gronde: pluies torrentielles, inondations.
La rébellion joue à la guerre au cours des manifestations.
Adieu famille et mariage, amour du bien et de l'effort.
Un cortège joyeux s'avance: débauche, impureté, corruption et violence prennent essor.

Carillonnez cloches légères et bourdons!
Flottez, bannières et pavillons!
L'humanité se lève et marche, ivre de fausse liberté,
elle a rompu toutes attaches, son jour de gloire est arrivé.

## 26) GIROUETTE

A la pointe d'un vieux clocher
grince un vieux coq un peu rouillé.
Il pivote
il virevolte
aux vents puissants, aux vents légers.

Il a l' œil sur ce qui se passe,
au loin là-bas ou dans l'impasse.
Il guette,
Il interprète,
les faits et gestes, ce qu'il comprend ou le dépasse.

On l'a sculpté la bouche close,
mais il pourrait en dire des choses,
cafarder,
dénoncer,
ce qu'il observe dans l'église ou dans les vies n'est pas tout rose.

Ne vénère-t-on pas des statues,
que l'on promène dans les rues,
Il se cite,
Il se récite,
Tu ne fabriqueras pas, tu n'adoreras pas, ne t'inclineras pas devant des statues.

Pourquoi ces saintes et ces saints et tous ces morts que l'on supplie,
comme des Dieux puissants, agissants, pleins de vie.
Il se repasse,
Il ressasse:
Un seul intercesseur entre Dieu et les hommes, Jésus Christ. C'est le Père que l'on prie.

Et les messes funèbres du matin,
pour envoyer au paradis Jean et Julien, ces vieux coquins.
Il se questionne,
Il s'émotionne.
Peut-on acheter, à force de messes payées, le bonheur éternel des siens?

Il pense à l'homme sur le bois
qui est en bas, et au supplice de la croix.
Il s'associe,
Il s'humilie,
croit que Jésus est mort pour lui, reçoit la grâce par la foi.

Arrive un vol de grues cendrées,
Battements d'ailes et cris de liberté.
Il s'éblouit,
Il s'extasie,
La vie est là dans sa beauté; Les grues emportent ses pensées.

Il demeure une girouette, un coq de fer assez rouillé,
tout au sommet d'un vieux clocher que le soleil vient caresser.
Dieu le pardonne,
il s'abandonne,
fait demi tour sur lui-même. Le vent du salut s'est levé.

## 27) L'ATELIER DE MON PERE

C'est une odeur d'encaustique,
Qui me ramène là parfois,
ça sent le bois, la vie rustique,
ça sent l'enfance et l'autrefois.

C'est difficile le temps qui passe. Ce qui était ne sera plus.
L'atelier, la vieille enseigne un peu rouillée,
la porte ouverte sur la rue, au gravier du trottoir le semis de pourpiers,
le ronronnement du tour, le sourire de mon père, dis, t'en souviens-tu?

Il était toujours là solide sur ses jambes, l'outil en mains,
les ciseaux plats à choisir sur la table du tour, aiguisés le matin.
Et la pièce qu'il ébauchait sortait de la matière, puis s'affinait.
C'était un artiste mon père. Je le savais et je l'aimais.

Les copeaux de bois arrachés à l'ouvrage, volaient autour de lui.
L'odeur de l'arbre remplissait tout l'espace, aussi le bruit.
Les deux ensemble révélaient sa présence, c'était la vie
de l'atelier où régnait un grand calme qui enrichit.

Le deuxième tour était inoccupé, il n'y avait plus d'apprenti.
Juste derrière, étaient la raboteuse et la dangereuse toupie.
Puis la presse à plaquer, l'établi, la porte à contre-poids de l'immense cheminée.
Sur le poêle, où brûlaient les copeaux ramassés, la colle tiédissait dans son pot culotté.

Le temps s'écoulait là, heure après heure, paisiblement,
mesuré par une montre à gousset en argent,
Suspendue près de la porte. On y voyait Daniel face aux lions.
Elle était pour mon père, souvenir de ses parents et gage de leur affection.

C'était un homme bon, mon paternel, et courageux.
On l'appelait l'homme au sourire, il en souriait un peu.
Je ne l'ai jamais vu en colère. Il était attentif et conciliant.
Il avait été bon sportif, Il en gardait les ressources, le répondant.

Il fabriquait une encaustique magnifiant l'essence des bois.
Ses petits meubles terminés étaient cirés, après teinture au brou de noix.
Et l'odeur gagnant de proche en proche, se répandait et pénétrait,
les vêtements bleus de mon père, l'atelier, l'étage, l'air qu'on respirait.

J'ai gardé ces senteurs, parfumant mon enfance, baignant mes souvenirs.
Et j'aime y retrouver l'atelier paternel, peser, mesurer, à nouveau ressentir
ce que papa avait su mettre en œuvre: de savoir être là, porter ce qui est lourd,
dire ne pleure pas en essuyant tes larmes, aider en silence, persévérer dans l'amour.

Mais le temps qui s'enfuit, vole les souvenirs.
Les pages de la vie sont tournées chaque jour.
Un parfum, un regard, quelques mots, un sourire,
disent que c'est écrit, quelque part, pour toujours.

## 28) LE GALERIEN

Je me nomme Galien
Et je suis aux galères.
Malgré les pleurs de ma mère,
oui, je suis galérien.

Nous sommes cinq hommes sur mon banc,
un banc de deux mètres trente de long,
épaule contre épaule, bras tendus en avant,
pour ramer ensemble, sur le même aviron.

Et il en faut des coups pour bouter en avant,
cette grande galère et tout son chargement.
Vingt-cinq coups par minute, vingt-cinq coups de rame,
de quoi mettre les jambes et le corps dans la flamme.

L'espace est exiguë, pas de bras écartés.
Et c'est avec les jambes, le corps levé puis replié,
qu'il nous faut nager. Cinq hommes dans l'effort, côte à côte,
pour douze mètres d'aviron, et c'est moi qui pilote.

Car je suis vogue-avant, et un bon.
Le poste le plus dur, au bout de l'aviron.
De notre banc de nage, le plus long mouvement,
et le plus exposé aux mauvais traitements.

Les pieds posés sur la banquette, dans la pédagne le droit calé,
le gauche dans la contre-pédagne, en position de fente avant.
Il faut rester synchrone dans tous les mouvements,
forcer en avant, en arrière, épuisé et le souffle écourté.

C'est bien dur d'être là tous les cinq condamnés,
à la même brancade tous les cinq fixés,
chacun par une chaîne et la manille au pied rivée,
Cinq hommes liés ensemble pour dormir, manger, peiner.

Ce sont les criminels qu'on envoie aux galères,
et si je suis ici, c'est parce que j'ai tué.
Ici, depuis trois ans, à vingt ans condamné,
une vie pour payer. Le temps de réfléchir, regretter sa misère.

En plus de l'équipage et des deux cents rameurs,
depuis Marseille, un homme d'importance est à bord, ambassadeur du Roi.
On dit qu'il a mission, arrivé à Toulon, de libérer un prisonnier de son choix.
Voici le bruit qui court, peut-être simple rumeur.

Je l'ai vu circuler, de banc en banc, s'entretenir avec certains, aller plus loin.
Notre Quart prend fin, on peut souffler. Il vient vers nous, on fait le point.
Il questionne mes camarades sur les raisons de leur présence ici.
Les quatre sont unanimes, victimes d'injustice, de fausses accusations, de calomnie.

C'est à moi de répondre, et je ne suis pas fier, je parle avec remord.
«J'ai été, dis-je alors, un criminel endurci, misérable, je méritais la mort.
Ils se disent innocents, moi je plaide coupable. Si je suis en ce lieu,
et encore vivant, je le dois à coup sûr, aux prières de ma mère, à la bonté de Dieu.»

«Misérable fripouille, s'écrie l'homme, me regardant intensément.
Votre présence ici, corrompt ces braves gens.
Messieurs, dit-il, voici l'homme que je veux gracier.»
Le vent avait forci, la voile avait aidé, nous étions à Toulon, arrivés.

On n'a jamais gracié un innocent,
seul un coupable peut vivre ces moments.
Il se nommait Galien, il était aux galères,
Il fût sauvé par grâce et consola sa mère.

## 29) PIERRE ET L'ENFANT

Pierre est sur le pas de sa porte,
Il habite son ancien moulin.
L'enfant sautille, court, galope,
à la poursuite des lapins

nichant au pied d'un très vieux peuplier,
qui s'éclairait d'or à l'automne lorsque Pierre était encore meunier.
Notre minotier élève maintenant l'enfant dont il reste la seule famille.
L'enfant s'appuie sur lui: Il est son confident et sa bastille.

L'enfant remonte la forte pente et à bout de souffle murmure ces paroles:
«Grand-Père, hier, le maître à l'école,
m'a fait une remarque: Mon vocabulaire est trop restreint.
A part les mots de la farine et du moulin, je ne sais rien.

Peux-tu m'apprendre, Grand-Père, plein
de mots nouveaux afin que je sois meilleur demain? »
«On va voir, On va voir» répond Pierre, peu enclin
à faire du vocabulaire, là sur le seuil, de bon matin.

«Viens l'enfant, viens! Allons ensemble couper du bois!»
Alors, on a sellé l'ânesse et on l'a chargée des outils.
Pierre soulève l'enfant, l'embrasse, et l'assoit
sur la selle de cuir au tapis de coutil.

Quand on traverse le village, l'enfant assis,
le Grand-Père marchant à côté,
La Madeleine les voit passer. Elle court à l'épicerie.
«Plus de respect, ma chère Germaine, cet enfant est mal élevé.»

Vous savez comment sont les mots,
ceux que l'on dit par derrière.
Ils marchent, ils volent sans repos,
grimpent la côte, atteignent l'enfant et Pierre.

Le lendemain pour le voyage,
c'est l'enfant qui marche à côté, Pierre utilise l'équipage.
«Mais qu'est-ce donc que ce Grand-Père sans charité?»
Louise voit bien que cet enfant est épuisé.

Les mots s'enfuient, les mots se disent,
ils marchent en rangs serrés,
trouvent même le chemin de l'église,
arrivent chez Pierre et disent: «C'est Louise qui nous a prononcés!»

Le jour suivant, c'est la Lucienne, derrière ses contrevents,
qui voit passer, tous les deux sur la bête, Pierre et l'enfant.
Elle court chez sa voisine, adepte de la SPA.
«Une charge pareille, homme cruel, ne le dénoncerait-on pas?»

Les mots se boivent, ils enivrent, ils sont délicieux.
De la grand' rue à la grand' place, suivent des chemins tortueux,
semblent se fatiguer mais repartent résolument.
Et c'est montés sur des échasses, qu'ils arrivent au vieux parent.

On se prépare, portes ouvertes, à la fenêtre ou sur le banc.
C'est l'heure et voici qu'arrivent, chargés de l'outillage, Pierre et l'enfant.
Dame l'ânesse dans la force de ses six ans, les suit joyeusement.
Elle batifole, broute en passant une herbe folle, repart au trot étourdiment.

Les mots bondissent, les mots explosent. «Avez-vous vu ces deux nigauds?»
Car il faut bien qu'on se le dise, ils sont ciblés les méchants mots.
Pas de détour, pas de cortège, ils viennent, se placent devant vous,
vous regardent droit dans les yeux et disent: «Voilà ce que l'on dit de vous!»

Assis sur le seuil du moulin, Pierre et l'enfant,
admirent un coucher de soleil, tout en parlant.
Quel est le mot nouveau, Grand-Père, pour ces vacances.
Entourant l'enfant de son bras, Pierre lui répond:- «Le mot nouveau, c'est médisance.»

## 30) LE PONT

Jean-Paul et Jean-Pierre ont eu le même père,
la même mère aussi. On pourrait penser: ils sont frères.
Mais pas du tout ou alors frères ennemis,
divisés par un héritage, fâchés, blessés, séparés à vie.

Paul, est l'aîné et Pierre lui fût soumis,
lorsqu'ils travaillaient ensemble les terres
du domaine céréalier, sous la bienveillance du père.
Ils avaient partagé idées, investissements, recettes et soucis.

Quand le père mourut, il fallut un partage.
Jean-Paul s'était construit une maison, quinze ans plus tôt,
sur la terre familiale, puis avait contracté mariage.
Jean-Pierre vivait avec son vieux père au château.

La mort du papa remua âmes, intérêts personnels, finances.
Le testament décacheté révélait ce qui semblait une évidence,
la propriété étant partagée par un cours d'eau , passable à gué,
les deux habitations de part et d'autre, les terrains de valeurs égalées.

Le père s'en alla rejoindre son épouse dans l'au-delà,
laissant deux fils s'entendant bien, sans prévoir ce qui arriva.
Poussé par sa femme jalouse, Jean-Paul disputa l'héritage du frère,
Jean-Pierre se défendit. A coup de mots, leurs relations s'envenimèrent.

Ils vivaient maintenant, chacun de son côté du ru
cultivant seul ses parcelles, malheureux, mais convaincu
de son bon droit, de la faute de l'autre, déterminé
à rester sur sa position, amère, endurci, le cœur ruiné.

Un tâcheron passant par là, vint au château chercher ouvrage.
Jean-Pierre l'emmène au ruisseau voir ce qui lui fait ombrage.
«Voyez, dit-il, la maison de l'autre côté est celle de mon ex-frère.
Je ne veux plus le voir. Construisez-moi un mur haut faisant barrière.»

Il y avait là, un tas de pierres. On acheta du sable, du ciment.
Jean-Pierre laissant l'ouvrier à la tâche, s'en va tranquillement.
Il reste absent pendant dix jours, puis regagne son ermitage
et descend jusqu'au bord de l'eau, pour voir où en est l'ouvrage.

Oh stupeur, oh consternation ! Au lieu du haut mur qu'il espère,
le tâcheron a fait un pont reliant les biens des deux frères.
Quelqu'un voit Pierre de loin, accourt, se jette sur lui, le serre dans les bras.
C'est Paul qui lui dit: «Pardon, mon frère! Ce que tu as fait là, je ne l'oublierai pas!»

Comment appellerons-nous ce pont? Pont du paradoxe éprouvé!
Pour recevoir, il faut savoir donner.
C'est en pardonnant que l'on est pardonné,
en mourant à soi-même qu'on est régénéré.

## 31) LE CHEMIN ETROIT

S'il ne t'est jamais arrivé
de voir une pièce de dix francs briller,
au fond d'un vase précieux
et d'en être ébloui, d'en avoir plein les yeux;

Alors, tu ne sauras pas, c'est certain,
que pour attraper la pièce, on plonge la main,
tout au fond, au fond du vase argenté,
que la main passe juste par le col resserré.

C'est pourtant une main menue,
la main d'une enfant de cinq ans, la main nue.
Mais que la main, sur la pièce fermée,
par le col du flacon, refuse de passer.

Comment la retirer?
La main est enfermée,
l'enfant est apeurée,
et l'enfant a pleuré.

La mère accourt et tire sur le bras de l'enfant.
Le père vient aussi, inquiet car il entend,
les pleurs de sa fille et la mère bouleversée,
donner pour solution que le vase soit brisé.

Or, c'est un héritage familial, un vase de valeur.
Le père aime son vase lorsqu'il porte des fleurs.
En vain tire-t-il sur la main, puis suggère à l'enfant
de laisser sa main souple, comme elle l'était en entrant.

Non papa, j'ai trouvé une pièce en or.
Le poing de l'enfant invisible, serre fort son trésor.
La petite fille refuse de le lâcher
Le père réfléchit plutôt que se fâcher.

«Si tu ouvres la main, dit-il gentiment,
je te donnerai dix pièces d'argent.»
L'enfant alors lâche la pièce qui tinte en trébuchant.
La main sort du vase étroit, au soulagement des parents.

L'enfant reçoit pour la pièce perdue,
ce qui était promis, elle reçoit dix fois plus.

Il en est ainsi, dans la marche avec Dieu.
Il faut savoir lâcher des trésors précieux.
Lâcher jusqu'à la dernière chose à laquelle on s'attache,
pour être dépendant de la grâce de Dieu, en marche.

Je pense à ce qui nuit à notre liberté:
la pièce ramassée, pour l'enfant racontée,
le mensonge pour celui qui ment,
ou l'impatience pour l'impatient.

Pour le gourmand, la gourmandise,
l'idolâtrie et l'amour de l'argent.
Bref, le péché et toutes ses convoitises,
qui nous enveloppent si facilement.

Je dis les choses de façon trop grossière, pour le cheminement avec Dieu ici-bas.
Car celui-ci regarde avec vérité, bien plus profondément que cela,
la purification des mobiles de nos actes,de nos paroles,nos sentiments,et notre moi .
Il faut savoir renoncer à soi-même, se charger de sa croix.

## 32) A TOI, JEUNE HOMME.

Tu m'as parlé de ton cousin
ayant l'âge de ton grand frère, un an de moins.
Tu me disais: «Il a encore fait des bêtises, et écopé
trente ans de réclusion! Pour lui, c'est sûr, tout est joué!»

Certes, toi et moi, nous savons compter.
Vingt-cinq plus trente, la jeunesse est passée.
Moi, je ne dirais pas, qu 'il n'y a plus d'espoir,
car notre Dieu est grand et il voit dans le noir.

Pour Lui, assurément, un coupable n'est pas innocent.
Mais, il y a un autre rivage pour un coupable repentant.
Ni toi, ni moi, ne savons ce qu'a fait ce jeune homme,
Dieu le connaît, et c'est pour des perdus que Jésus-Christ se donne.

Un seul de tes mensonges te sépare de Dieu,
autant qu'un homicide, ce n'est pas glorieux.
Et toi qui es instruit des choses du salut,
tu traînes des deux pieds pour faire un pas de plus.

Ah! Le péché a souvent un bon goût,
On ne désire pas s'en séparer d'un coup.
On se dit qu'on est jeune et qu'on veut faire sa vie.
On verra ça plus tard, on a tellement d'envies.

Le vrai bonheur n'est pas ce que l'on pense premièrement.
Heureux est l'homme que Dieu décharge des manquements,
et qui est pardonné du mal qu'il a commis.
Heureux celui que Dieu ne traite plus en coupable, mais en ami!

Tu te souviens qu'en géométrie plane, dite Euclidienne,
on raisonne s'appuyant sur postulats et théorèmes.
Dans le royaume éternel, j'en connais au moins deux,
sur lesquels s'appuie la justice de Dieu.

Le premier postulat se formule ainsi:
«Le salaire du péché, c'est la mort.» Il signifie:
ton péché te laisse intérieurement mort, tu n'as pas la Vie de Dieu.
Je ne comprends pas le fondement du numéro deux:

«Sans effusion de sang, il n'est pas de pardon.»
Par contre, j'en saisis bien toute l'application.
Le sang de Jésus me purifie de tout péché.
Je suis pardonné par Dieu, parce que le sang de Jésus a coulé.

Il nous reste un théorème: « Si nous lui confessons nos péchés,
Il est fidèle et juste pour nous les pardonner,
et nous purifier de nos iniquités.» Auquel s'ajoute par ailleurs,
«Sans la sanctification, nul ne verra le Seigneur.»

«Voir» signifie, vivre auprès de Lui, pour l'éternité.
Voilà des matériaux sur lesquels fonder notre pensée.
Pour revenir à ton cousin dont tu dis la vie brisée,
je crois que Dieu a toujours des solutions, qu'Il n'est pas limité.

Celui qui se repend, abandonne le péché, choisit d'être sauvé,
trouvera et Jésus, et la vie éternelle.
Sans cela, il partagerait avec beaucoup, la condition
des pécheurs impénitents, condamnés à la perdition.

Je veux prier pour ton cousin et la visite d'un aumônier,
lui annonçant l'évangile dans toute sa vérité.
Qu'il trouve l'amour de Christ, car il a besoin d'être aimé.
Dieu prendra soin de lui. Avec moi et pour lui, veux-tu aussi prier?

## 33) SLAM PARISIEN

Tu m'avais dit: «Je t'attendrai,
Gare Saint- Lazare», c'était parfait!
«Samedi prochain, c'est pas trop loin.
J'ai hâte de t' voir, ça m' f'ra du bien.»

Dix heures moins l' quart et sous l'horloge,
moi, j'étais là, aux premières loges.
J' t'ai attendu jusqu'à midi,
tu n'es pas v 'nu et j' suis parti.

J'avais vérifié ton message.
C'était bien l' jour, l'heure et l' passage.
J'étais inquiet, j'étais fâché,
et rempli d' culpabilité.

Qu'est-ce que j'ai dit, qu'est-ce que j'ai fait?
L'ai-je blessé, j' réfléchissais.
Est-il malade, est-il souffrant?
J' lui téléphone, pas d' répondant.

On d'vait faire l' tour des monuments.
Faire ça tout seul, j'ai pris mon temps.
Y a Notre Dame, qu'est plus fléchée,
je crois qu'elle est échafaudée.

J'ai fait quelques instantanés,
j'étais venu bien équipé.
L'Arc de Triomphe inaccessible,
les gilets jaunes l'avaient pour cible.

Mes objectifs, mon sac à dos,
entravent ma course, je suis lourdaud.
J'ai fuit les bombes lacrymogènes,
toute cette violence qui se déchaîne.

Je me demande où j' suis tombé.
C'est plus la France, ça fait flipper!
Et ces devantures défoncées,
pauvres commerçants, ils ont casqué!

La Tour Eiffel est là sur pieds.
Elle ne bouge pas, la dame d'acier.
J' la prends en long, en large, en haut.
J' pense avoir fait de belles photos.

Par l' dernier train, suis reparti.
J'ai voyagé toute la nuit.
A midi l' téléphone sonnait,
et c'était toi qui m'appelais.

«Bonjour ami, j' suis désolé,
As-tu passé une bonne journée?
C'est pas vraiment qu' j'ai oublié.
J'avais une autre priorité.

Tu te souviens, Marie-Camille,
On peut dire que c'est une belle fille.
Il f' sait beau sur la Capitale,
L'amour pour moi, c'est primordial.

J' te laisse, voilà qu'on m' téléphone,
sur mon poste fixe, c'est elle qui sonne.
J' lui ai passé mon numéro.
Salut mon pote et à bientôt !»

J'ai pardonné à mon copain.
J'ai eu d' la peine, mais ça fait rien.
Il y a beaucoup de gens comme lui,
pour qui un oui, n'est pas un oui.

## 34) COUP DE PIED DE GENIE

Ç'avait été un de ces jours difficiles et ténébreux:
Ciel couvert avec éclairs tonnerre et pluie, temps orageux.
Les clients exigeants, les ouvriers récalcitrants, tant de difficultés.
C'était de plus en plus fréquent. Comment ne pas s'en inquiéter?

José sort maintenant de la réunion de son club, exténué.
Que de palabres pour une décision qui s'impose! Il en est halluciné.
Que dire de l'attitude de Michel, ses critiques, sa suffisance? Il en est excédé.
Comment fait donc cet homme nul pour être ainsi apprécié?José se sent diminué.

Enfin, se dit-il, la journée se termine, le plus gros est passé.
La nuit est fraîche. Reste l'orage accumulé
à l'intérieur de mon être, mais je vais m'en débarrasser.
Son véhicule est à cent mètres et le parking est éclairé.

Une canette de Coca vide traînant par là,
jetée sur la chaussée. Il n'attend pas.
D'un coup de pied magistral, José l'envoie,
ça fait du bien et ça libère, à trente pas.

La canette frappée s'agite. Portant pourpoint garance, un génie,
comme une vapeur s'en échappe, se prosterne devant José et s'écrie:
«Ah! Monseigneur, merci! Grâce à toi, je suis libéré.
Fais un vœux et demain matin à l'aube, je viendrai l'exaucer.

Sache cependant une chose: je donnerai le double
à celui dont la réussite t'exaspère et te trouble.»
Rentré chez lui, José s'étonne de tous ces événements.
Que demander? Plus d'argent? Michel s'enrichirait énormément.

Plus de considération, plus de bonheur, plus de santé?
Michel s'en trouverait doublement héritier.
Quand José se réveille à l'aube, le génie est arrivé.
«As-tu choisi, lui dit-il, ce que je peux te donner?»

«Tout compte fait, répond José, je préfère ne rien recevoir,
à contempler le bonheur de celui qui va doublement avoir.»
«Je ne pars pas sans t'aider, dit le génie.
Ce que je vais te laisser n'a pas de prix.

Tu souffres à la pensée que la situation d'autrui,
est meilleure que la tienne. Que la chance lui sourit.
Tu le déposséderais bien des avantages dont il jouit.
Ce que tu ressens a un nom. Cela s'appelle Envie ou Jalousie.

Sois affranchi par la vérité.
Je te laisse la liberté.»
Ces mots, bien fort ont résonné.
Le génie s'est évaporé.

## 35) TOUT VA TRES BIEN, MADAME LA MARQUISE!

Je pense avec bonheur,
à ces jours de joyeux labeur,
où notre part était aux prés.
Nous emmenions les vaches brouter.

Elles étaient cinq, les vaches de ta tante,
que j'adoptais aussi comme parente.
Le cœur des enfants ne légalise pas.
Je l'appelais Tata Emma.

Fier comme Artaban, tu marchais devant les bêtes,
le bâton de vacher à la main.
Je suivais le troupeau avec la musette.
Les vaches connaissaient leur chemin.

Il fallait éviter le trèfle d'un grand carré.
C'était, nous disait-on, un aliment mortel qui les faisait gonfler.
Bien sûr, elles en prirent d'instinct la direction.
On s'est fait peur et le bâton devint seule solution.

Je me souviens du nom de trois des demoiselles.
«Eh ! viens la Parpaille!», c'est ainsi qu'elle s'appelle;
était-ce une affaire de patois local ou souvenir de religion?
Les Parpaillots étaient mal vus dans la région.

Il y avait aussi «la Belle»; pour une vache, elle l'a été:
Les yeux fardés de cool noir et la fourrure mouchetée.
La troisième était «la Marquise». Quelle classe celle-là!
Sur velours blanc, d'élégantes taches brunes, faisaient costume d'apparat.

Un certain jour où je fus seule leur bergère,
la musette à l'épaule, le bâton sur les cornes de la première,
je conduisis nos ruminants jusqu'au pré sous le bois,
celui que longent les rails du chemin de fer, côté droit.

Elles broutèrent paisiblement, moi je mangeais avidement.
C'était si bon le saucisson et le fromage, la tranche épaisse de pain blanc.
Il y avait aussi, dans la chopine, mélange d'eau et de piquette désaltérant.
Ce breuvage me monta-t-il à la tête, car surprise, soudain j'entends.

Oui, j'entends la Marquise qui murmure en soupirant:
«Rester ici, quelle bêtise, moi qui ai titre de Marquise, jugez-en!
Je côtoie une basse-cour paysanne alors que je relève d'une cour royale.
Moi, que seule la Pompadour égale, m'abaisser à vivre au pré, infernal!»

Je restais attentive, l'oreille aux aguets et l'œil grand ouvert.
Alors que ses consœurs, pour ruminer, s'agenouillaient sous le couvert,
j'observais que la Marquise, tête et col hautement relevés,
murmurait: « C'est cela, honorez-moi, inclinez-vous devant ma majesté.»

Elle se mit à part pour digérer, car elle était un ruminant.
Gardant ses airs supérieurs, elle bavait un peu de verdure, nonobstant.
Je m'allongeais à l'ombre d'un arbre, mais pas d'un noyer,
pour une petite sieste en attendant l'heure de rentrer.

Quand on entend au loin, le sifflement de la locomotive
et le roulement des wagons, Marquise se lève, se secoue, et vive,
court vers la haie. Elle meugle, la voix haute, à qui mieux mieux:
«Je voudrais partir en voyage, voir le monde. Marquise désire quitter ces lieux! »

Passent des wagons à bestiaux emportant des bœufs pour bagage.
- «Arrêtez crie notre vache, des bovins comme nous font voyage!
Arrêtez, je veux partir avec eux. Ayez pitié, je m'ennuie en bas lieu.»
«Insensée! Apporte le souffle crée par le train de banlieue.

C'est à l'abattoir qu'on nous mène! Broute paisiblement
l'herbe verte, profite du soleil, donne ton lait pour les enfants.
Tu as ton utilité sur la terre, contente-toi de ton milieu.
Sois donc ce que tu es . C'est un choix d'être heureux!»

## 36) LA SOURIS ET LA TRAPPE.

Monsieur Souris était heureux et il vivait douillettement
dans la grange du fermier où il faisait appartement.
Le chat de la maison n'avait plus rien de redoutable,
il était vieux, bien nourri, somnolait sur un coussin confortable.

La ferme était pour notre ami, un garde-manger abondant.
N'y trouvait-on pas au séchoir, du fromage si odorant?
Et puis les restes de la cuisine, du pain séché pour le cochon,
du lait dans une jarre fine, un peu de lard par exception.

Il avait ses chemins entre murs et doublure, dans la mousse d'isolation
et, derrière une fente du plafond de la cuisine, son poste d'observation.
Il est là, justement ce matin, lorsque le fermier apporte
un paquet laissé par le facteur, dans la boite à lettres de la porte.

La fermière défait l'emballage. Quelle nourriture allait sortir du colis?
Il en avait l'eau à la bouche...Horreur! C'était une trappe à souris.
Une trappe à souris dans la maison! Pareille abomination
n'est pas croyable. Solidarité animale, notre rongeur fait pétition.

Il s'en va voir le poulet, gras et dodu, bien replet, mais pas très fin.
Après les graines du matin, il cherche des lombrics dans le jardin.
«Il y a une trappe à souris dans la maison!» crie le rongeur au gallinacé.
Nous pourrions nous organiser, faire connaître notre désapprobation, défiler.»

Le poulet se désaltère, se gratte du bec le duvet, hausse ses ailerons.
«Je comprends, répond-il, qu'il y ait problème pour vous mon mignon,
mais pour moi c'est sans importance, je ne me sens pas concerné.
Allez donc frapper à d'autres portes et laissez-moi finir mon déjeuner.»

Chez le cochon sympathique, notre malheureux se rend.
Il le trouve le groin dans l'auge, se nourrissant goulûment.
«Savez-vous, dit le pétitionnaire, que les fermiers ont fait l'acquisition
d'une trappe à souris qu'ils destinent à mon exécution.»

«Comme je vous plains, répond le porcin, vous m'en voyez désolé.
Peuchère! Comment vous venir en aide? Croyez le bien, je vais prier.
Une pétition, un défilé! Non vraiment, je ne veux rien faire.
Partez néanmoins assuré de ma sympathie, de mes pensées, de mes prières.»

La vache était encore dans l'étable pour la traite du matin.
Notre souris vient, se présente, salue bien bas, puis dit enfin:
«Il y a une trappe à souris dans la maison et je cherche votre appui,
pour signifier au fermier et à sa femme, que les animaux réunis...»

«Je vous vois venir, l'interrompt le ruminant excédé,
mais ça reste votre problème, sur moi il ne faut pas compter.
Mon cher, débrouillez-vous, cela ne me regarde pas.»
Monsieur souris peiné pleura, la vache ne bouge pas d'un iota.

Notre ami retourne à sa chambre, pleurant, abandonné et solitaire.
Il croyait avoir des amis, une maison pour la vie. Que va-t-il faire?
Il choisit de se reposer, de dormir, demain il y verra plus clair.
Pour affronter seul le danger, trouvera-t-il le courage nécessaire?

Dans la chaleur de cette nuit d'été, la fermière est réveillée.
Le bruit de la trappe qui se referme sur une proie stimule sa curiosité.
Portes et fenêtres ouvertes, la maison est baignée de clair de lune.
La femme s'approche pour mieux voir quelle est la victime à la une.

C'est un serpent qui par la queue se trouve pris dans la tapette.
Le pied de la dame est à portée, son talon est mordu par la bête.
Elle crie, elle s'effraie, la morsure et le venin font tout leur mal.
Le fermier tue le serpent, jette la trappe à la poubelle, conduit sa femme à l'hôpital.

Elle en revient choquée, épuisée, avec une forte fièvre.
Chacun sait qu'un cas de fièvre, d'une soupe au poulet relève.
Le fermier prit son couteau affûté, et le poulet fût sacrifié.
L'état de la femme ayant empiré, voisins et amis vinrent la veiller.

Pour nourrir cette gent dévouée, le cochon gras fût dépecé.
La femme alla de mal en pis et malgré la thérapie, elle finit par trépasser.
Les fermiers étaient connus, leur histoire avait ému, une foule vint aux funérailles.
Ce fût la vache qu'on abattit, pour fournir au pot des amis, assez de victuailles.

Monsieur souris observa tout avec beaucoup de peine.
Il n'était pas indifférent aux souffrances dont cette histoire est pleine.
Nous sommes tous concernés, pensait-il, par ce qui peut arriver
au faible, au pauvre, à l'étranger, comme au fort qui se veut épargné.

Jamais je ne refuserai d'aider, quiconque me l'aura demandé.
Je décide d'aimer non en paroles, avec la langue, mais en action et avec vérité.

## 37) INVASION.

Entends le dur ressac qui frappe le rocher,
le crissement du sable sous un pas étranger,
le clapotis de l'eau sur le flanc du chaland,
s'élevant des roseaux, l'appel du cormoran.

Il faut savoir partir quand retentit le chant,
quitter ses souvenirs, regarder vers l'avant.
il faut savoir tout perdre, s'embarquer sans bagage,
s'abandonner au flot, viser d'autres rivages.

Il faut hisser les voiles quand la mer se déchaîne,
il faut lever l'amarre quand s'exprime la haine,
avec Jésus pour maître, nager en pleines eaux,
s'appuyer sur son être et renaître à nouveau.

Quand s'élève la nuit sur l'océan du monde,
quand la source tarit, que l'eau se fait immonde,
lorsque la terre s'enflamme et brûle vers la mort,
que toute la nature se consume et s'endort,

l'oppresseur se fait lion, rugit, menace et gronde,
la violence déferle en écumantes ondes.
Il demeure le phare qui brille dans la nuit,
Il demeure la lumière qui éclaire et qui luit.

Il demeure l'Amour qui guérit les blessures,
Il demeure l'eau pure qui lave des souillures,
Il demeure le bateau où tu es attendu,
Il est Dieu souverain qui règne de la nue.

## 38) L'ÂNE ET LE PUITS.

J'ai retrouvé, dans les sentiers des souvenirs de mon enfance,
après la guerre, dans mon village où renaissait la France,
une bande d'enfants, se rendant à l'école, un beau matin d'hiver.
La route était glacée, leurs galoches claquaient dans le bruit de leurs fers.

Il y avait Paulette, ses frères et sœurs, venant de leur ferme au loin
dans la campagne. Tous ceux qui comme moi, s'ajoutaient à ses soins.
Une troupe joyeuse, marchant d'un pas altier dans l'air froid et givré,
cartables à la moufle et rires étouffés derrière bonnets et cache-nez.

On savait bien marcher en ce temps là et parcourir un long chemin
de plusieurs kilomètres, avant la classe, tous les matins.
On croisait, place centrale, la charrette du père Antoine chargée
de grands bidons métalliques, pleins de lait frais pour le laitier.

C'était un temps que j'attendais et que j'aimais :
Le trot de l'âne sur l'asphalte, le chant cadencé des grelots du harnais,
le choc des bidons l'un contre l'autre et le «Oh là!» du paysan prononcé.
La charrette était silencieuse sur ses gros pneus caoutchoutés.

Et l'attelage s'arrêtait. Posant le fouet vertical dans son support, le paysan descendait,
prenait la couverture qui lui réchauffait les jambes et sur son âne la posait.
L'âne soufflait la chaleur de son être dans l'air froid, en nuages laiteux.
Je m'avançais, caressais son nez chaud et humide, et lui et moi étions heureux.

Il s'appelait «Brin d'avoine»,
l'âne du père Antoine.
Il était grand, fringuant, le poil marron foncé
et trottait fièrement, les oreilles dressées.

Avec son regard brun velours, ses longs cils roux,
ses oreilles gansées de clair, ses naseaux tièdes et doux,
on pouvait l'aimer vraiment. Je crois qu'il en était conscient
lorsqu'il posait sa lourde tête sur votre épaule, tendrement.

Chaque jour il avait travaillé,
tour à tour bâté, sellé, attelé,
au service de son maître pendant plus de vingt ans,
comme un brave âne soumis, appliqué et vaillant.

Je l'aimais bien l'âne d'Antoine et le voilà vieux maintenant,
il a perdu des forces, sa robe a pris du blanc.
C'est pourquoi le paysan, sans lui chercher un remplaçant,
le lâche dans la cour où il broute les herbes folles librement.

Il y a dans cette cour, un puits devenu sec dont la margelle est ruinée.
Le fermier qui prend de l'age en a retiré toutes les pierres effondrées.
Allez savoir comment notre vieil âne, au soir d'une journée d'été,
s'étant de l'ancien puits approché, dans le trou béant a glissé.

Sa chute ne fit aucun vacarme, seul son cri retentit
du fond du puits. Il brise l'âme, mais le fermier est endurci.
L'âne était vieux et le puits inutile. Antoine recrute deux voisins
pour combler de terre avec lui, le trou avant le lendemain.

Aux premières pelletées, l'âne gémit et pleure, puis plus rien.
Les mètres cubes s'amoncellent et le travail touche à sa fin.
Dans la nuit blonde d'un clair de lune, les hommes restent ahuris.
Lorsque la terre pleut sur lui, l'âne se secoue et monte sur le tas fortuit.

Et c'est ainsi que Brin d'avoine est ressorti vivant du puits,
Sous un souriant clair de lune, avant l'aube, à la minuit.
Il avait bien quelques blessures, le corps fourbu,
le cœur brisé de meurtrissures, mais il avait survécu.

Il t'est certainement arrivé d'aider, d'aimer et d'entourer,
des gens qui t'ont jeté la pierre et ont tout fait pour t'enterrer.
Tu te savais non coupable, mais ils t'ont condamné, humilié, désarçonné.
Sans te justifier tu as secoué ta peine, laissé l'offense dans le puits et tu es sorti libéré.

## 39) R E PONSE.

Sous une pluie battante, Octobre s'annonçait,
en averses cinglantes, Octobre finissait.

Il avait plu, jour et nuit, tout le mois.
L'humidité de l'air créait du désarroi.
L'eau ruisselait sur les chemins,
la terre était gorgée, les fossés pleins.

Le ciel gris et lourd déversait des eaux sombres,
les falaises dorées s'étaient revêtues d'ombres,
la mer en vagues plates écumait en mourant,
aucun oiseau, aucun humain ne s'offrait au chaland.

Je marchais sur la grève avec mon pépin,
l'âme couleur du temps et le cœur chagrin,
pensant à ton écrit qui me fit tant de peine
et cherche à m'enlacer de ses puissantes chaînes.

J'ai pris ces mots méchants qui pleuvaient en ma vie
et je les ai lâchés dans les eaux de l'oubli.
Un coup de vent soudain, du ciel jusqu'à la terre,
déchire les nuages, dans un coup de tonnerre.

Le ciel déchiré pleure des rayons d'or,
la lumière se répand là où régnait la mort.
Et les rochers s'embrasent de soleil éclairés,
l'horizon se révèle dans la pourpre noyé.

Les nuées élevées en cirrus s'échevellent,
la paix descend ,s'étend me renouvelle.
L'onde se cramoisit de teintes d'ambre, de rosé.
La fraîcheur de Novembre arrive en vent léger.

## 40) SLAM DE L'ANGOISSE

J'ai une bombe dans ma batt'rie,
J'en dors plus rien, j'en rêve la nuit.
J'entends l' tic-tac à tout instant,
ça m' fait flipper, c'est pas marrant
Chut...silence! Est-ce que t'entends?

Je me méfie, j' fais attention,
tu frappes trop fort et t'es marron!
Mais où est-elle donc planquée?
Qui l'a posée? Qui l'a cachée?
Chut...silence! Est-ce que t'entends?

J'ai écouté, l'oreille tendue,
dans la grosse-caisse, dans tous les fûts.
Même la pédale peut être piégée,
un coup d' cymbale peut tout gâcher.
Chut...silence! Est-ce que t'entends?

Ça vit là d' dans, ça marche tout l' temps,
j' sais pas où c'est, ça explose quand?
Même les baguettes, j'ai suspectées;
j' m'en sers pas trop, pour éviter.
Chut...silence! Est-ce que t'entends?

Un' seul' erreur peut être fatale,
C'est pas un' machine à trente balles.
Main sur le cœur, tu vas comprendre,
ta minut'rie, tu peux l'entendre.
Chut...silence! Est -ce que t'entends?

Le compt' à rebours dure pas toujours,
vaut mieux êtr' prêt pour le grand jour.
Et quand viendra l'instant zéro,
faudra partir sans sac à dos.
Chut...silence! Est-ce que t'entends?

Pour moi, j'ai pris une assurance.
C'est pas la MAAF, météo France.
Mais c'est plus sûr et c'est gratuit.
Mon assureur, c'est Jésus-Christ.
Chut...silence! Est-ce que t'entends?

Ça bat tout l'temps, ça s'arrête pas
et tout compte fait, c'est mieux comme ça.
Il y a une bombe dans ma batt'rie,
mais j 'suis assuré sur la vie...

ETERNELLE !

## 41) SLAM VICTORIEUX

Dans mon placard j'ai une guitare.
Dans ma guitare y a un cafard.
J' peux pas en jouer sans l' réveiller,
c'est bien pour ça que j' l'ai planquée.

Il loge là d'dans, c'est sa tactique,
c'est un cafard troglodytique.
Par la rosace, j'ai regardé,
pour l' déloger, faut tout casser.

J'ai essayé les vibrations.
Les graves le laissent sans réaction.
Quant aux aigüs désaccordés,
il semble bien les supporter.

J'ai une guitare acoustique.
De plus j'aimais bien la musique.
C'est pas un instrument à vent,
mais l' cafard s' gonfle sans souffler d'dans.

Il enfle, il enfle, il s'amplifie,
jusqu'à remplir toute ma vie.
Et il m'écrase, il est puissant,
j' peux plus rien faire sans plonger d'dans.

J'ai des p'tites bêtes sous ma casquette,
ça bouge, ça gratte, là dans ma tête.
C'est pas des poux, comme vous l' pensez.
Des idées noires sont arrivées.

Et ces bêtes là, c'est récurrent,
ça s' multiple, c'est effarant.
C'est une constante mémorisée,
tous tes calculs sont affectés.

J' fais les cent pas, je m' sens tout seul.
J' vais sur mon lit, dans mon fauteuil.
J' peux pas dormir, pas m' reposer,
toutes mes p' tites bêtes sont agitées.

Quand c'est comme ça, j' pense à mourir.
Sûr,  ça m' ferait pas trop sourire.
Si j'en suis là, j'entends l'av'nir
qui m' dit: «Oh là! Faut réagir!»

J' pleure un bon coup, et ça va mieux.
J'éponge mes yeux, c'est merveilleux!
Et pour chasser toute cette clique,
j' compte pas sur les mathématiques.

Y a un moyen qui va marcher,
c'est la prière d'autorité.
Jésus fait fuir tous les démons,
je vais donc prier en son nom.

J' prends ma guitare, j' mets ma casquette
et je m'assieds sur la banquette.
J'élève ma voix au Dieu très haut
qui me libère de mes fardeaux.

## 42) ESPERER.

Je me sens seule ce soir,
et la nuit est si noire.
Pas une étoile au ciel pour venir l'éclairer.
Tout repère est voilé, même la voie lactée.

Ma fenêtre est ouverte sur l'immense inconnu,
mes yeux cherchent aux cieux une lumière perdue.
Un brouillard oppressant s'élève de la terre,
un silence palpable m'enveloppe et m'enserre.

J'ai marché dans la ville, surprise de voir, de ressentir,
une sournoise angoisse et la violence s'établir.
Une menace insidieuse se décèle, sans qu'on la nomme,
dans des regards apeurés, dans la force arrogante de jeunes hommes.

La violence et la peur s'encouragent, elles crient sur le pavé:
«Que les faibles fassent silence, que les gênants soient écartés.
Que votre moi s'épanouisse, que vos envies soient étanchées
quoi qu'il en coûte! Mangez et buvez, car demain vous mourrez.»

«Carpe diem», c'est le refrain
de la rengaine: «Ne regardez pas à demain!»
Dieu au contraire restaure l'espoir,
même dans les nuits les plus noires.

Je connais un autre royaume où s'épanouit toute vie.
C'est celui d'un règne éternel sous la houlette de Jésus-Christ.
Il se fonde sur l'obéissance, l'amour de Dieu et du prochain,
le renoncement à soi-même. La croix donne un succès certain.

Il faut savoir vivre et être.
Alors, j'ai fermé ma fenêtre
et j'en ai tiré le rideau,
pour m'endormir bien au chaud.

Sur le matin, je fis un rêve. J'étais au ciel, dans les nuées.
Il y avait beaucoup de monde, une longue table dressée.
Plusieurs étaient déjà assis. Je trouvais mon nom et pris place.
Relevant alors le regard, je découvre qui me fait face.

Il était jeune, les yeux sur moi. Il m'attendait, il me sourit.
C'était mon père, mon papa, et il n'avait pas l'air surpris.
Il étendit sa main vers moi, me caressa la joue, comme autrefois,
lorsque j'étais encore enfant. Puis se leva, j'entends sa voix.

Il dit, regardant un groupe de femmes que plus loin, on distinguait:
«Merci, ma chère Claudia pour...» Je m'éveillais.
Le jour était déjà levé. Je me sentais renouvelée,
bien, toute tristesse épongée. Je commençais la journée.

## 43) COUP DE SOLEIL

Y a du soleil dans ma maison.
Deux oiseaux volent, ils font des ronds,
de grands ronds blancs dans un ciel clair,
un ciel tout bleu, comme la mer.

La mer écume sur les rochers,
rochers cendrés du Cap Gris-Nez.
Le Cap Blanc-Nez est argenté,
par le ressac qui vient frapper.

Frappe La Manche sur tous les Nez,
en franges blanches, en gris foncé,
Côte d'Opale, robe à reflets,
ourlets de nacre au bleu parfait.

Vole l'oiseau près des rochers,
l'aigle royal s'est approché.
Un souffle ardent l'a soutenu,
ailes ouvertes, jusqu'aux nues.

Volent avec lui nos pensées,
en ondes douces, en vent léger,
en vent de terre réchauffé
par le soleil du Cap Gris-Nez.

On est si bien à regarder,
planer l'oiseau sur les nuées.
L'aigle royal majestueux,
dans la lumière, parle de Dieu.

De son amour, de sa grandeur,
du Dieu vivant, du Rédempteur,
de Jésus qui revient régner,
de jugement, d'éternité.

## 44) SLAM DES PAS.

J'ai rencontré mon ami Pierre.
J' lui dis:- «ça va?» -«Non, ça va pas,
j'ai pas l' moral, j' sais pas quoi faire.»
Je n' savais pas répondre à ça.

Il s'en allait au Bois d' Vincennes,
J'ai ajusté mon pas au sien.
On a marché au Quai de Seine
d'un même pas, ça fait du bien.

Et pas à pas, notre ballade
à pas pressés, le soulagea.
A petits pas et sans parade,
toutes ses peines, il me conta.

Sa femme lui était infidèle,
il y a des pas qu'on n' franchit pas.
Des pas de vis qu'on serre quand même.
A pas glissés, j' comptais mes pas.

Un pas de trop, tu fiches par terre,
le pas de deux qui est ruiné.
Faut faire un pas, sout'nir le frère,
à pas de loup, j'ai avancé:

«Vous pourriez v'nir la s'maine prochaine,
ta femme et toi, pour un repas.»
Faire un grand pas, ça coûte, j'enchaîne
à pas comptés, «si ça vous va!»

Il parlera à l'infidèle,
qui dira oui ou peut-être pas.
J'avais déployé tout mon zèle,
il est reparti à grands pas.

## 45) FRANCE

Elle s'appelle Françoise,qui signifie «de France.»
Bleu,blanc rouge est son cœur qui palpite et qui danse.
C'est une enfant de France écrite en trois couleurs.

Bleus les yeux de Françoise qui écoute en silence
sa grande sœur lisant dans son histoire de France,
le nom de chaque Roi qui régna en son heure.

Charles X par la grâce de Dieu, Roi de France,
de France et de Navarre, et publie ordonnances.
Le peuple de Paris mécontent se soulève, et le Roi et sa cour s'exilent pris de peur.

Alors Louis-Philippe, Roi des Français s'avance.
La blancheur royale en tricolore s'élance,
Le peuple consentant l'entoure de son ardeur.

Blanc le choix de Françoise pour la blancheur de France,
blancheur des tons royaux tombant en déchéance,
rouges sont les yeux bleus d'où s'écoulent les pleurs.

Françoise est une enfant née au cœur d'une France,
qui ne connaît plus Dieu mais cherche en abondance
le plaisir, le bien être, l'argent et les honneurs.

Tricolore la cocarde au drapeau de vengeance,
blanc le cœur de Françoise où règne l'assurance
que Jésus l'a sauvée par son sang rédempteur.

Rouge la robe blanche du sang de délivrance
qui coule de la croix sur cette enfant de France
dont le cœur repentant reste ouvert au Seigneur.

Et bleu le ciel de France où flotte en alliance
la bannière de l'amour du Roi de bienveillance
qui aime notre France, veut régner sur les cœurs.

## 46) SLAM DE L'OUBLI.

J'ai la mémoire qui a flanché,
avec les ans fuient mes idées.
Quand j'en ai b'soin, j' les retrouve plus,
je cherche un mot, je l'ai perdu.

J'ai eu une idée lumineuse,
car avec ces pensées fumeuses,
l'imprécision des souvenirs,
une pensée m' vient, je vais l'écrire.

Sur une env'loppe, un bout d' papier,
j'écris des phrases et des idées,
et mot à mot, son après son,
j' sauve mes idées dans un flacon.

Flacon carré ou flacon rond?
Avant d' choisir, j'ai hésité.
Tourner en rond, c'est pas très bon.
Si j' prends carré, ça tourne pas rond.

Quand j' dis carré, c'est une section.
Être carré, c'est vraiment bon.
Mais, on peut être carrément rond.
Rondement mené, j' choisis carré.

J' range mes pensées dans un flacon
d' section carrée avec bouchon.
C'est un flacon en verre taillé,
pour la transparence des idées.

J' les trie avant de les placer.
Elles s' rangent par ordre de densité.
J' place les plus lourdes, les plus grossières,
à fond perdu, comme poussière.

J' garde les légères, les raffinées,
qui sont joyaux, pierres ciselées.
Je veux construire avec celles-là,
un texte qui prendra leur éclat.

Sur mon flacon, je peux fixer
une petite poire caoutchoutée.
C'est un flacon de bonne odeur
appelé pulvérisateur.

J' donne du parfum à mes écrits,
avec les mots que je choisis.
C'est du cœur que viennent les pensées.
Dans mon flacon, y a l' verbe aimer.

## 47) SOIR D'HIVER.

L'hiver brusquement arrivé, tente de s'installer.
Les nuits deviennent froides et les matins givrés.
Le soleil somnole couché sur l'horizon,
le duvet des nuages tombe en menus flocons.

Puis la danse commence et les toitures blanchissent,
les cheminées enfument la blancheur qu'elles ternissent.
La lumière décline, l'obscurité prend place jusqu'à tout estomper.
Les réverbères s'allument. La neige papillonne dans les cônes éclairés.

Une bûche enflammée, rouge de braise, s'affaisse brusquement.
Mille étincelles folles s'en échappent et meurent en tombant.
Le temps s'écoule silencieux, feutré d'isolement sous la neige tombée.
C'est un temps doux pour réfléchir, un temps pour lire et pour prier.

Et je pense à l'hiver, au temps qui passe, au temps présent,
aux membres de ma famille, à l'avenir, et aux enfants,
à la situation du monde, à Noël et aux cadeaux,
à la folie des hommes, à ce qu'on a vécu, à ce qui vient bientôt.

Dans la chambre paisible où je médite près de la flamme,
un souvenir s'éveille et se précise, cher à mon âme.
C'était un soir d'hiver, un soir glacé, pendant la guerre.
Un père et son enfant, main dans la main, marchaient naguère.

Ils montent un chemin pierreux dans un bois sombre,
qu'un pâle clair de lune anime de mille ombres.
Leur marche les conduit auprès d'un lac aux eaux foncées,
dont l'étendue s'agite de courtes vagues cadencées.

Une barque est cachée dans un taillis d'ormeaux.
Le père est fort, tire le bateau, le met à l'eau.
Les rames sont à bord, il suffit de monter,
l'enfant est dans la crainte, la vue est limitée.

C'est maintenant un instant décisif, dit le papa.
Ou tu me fais confiance, tu montes et l'on s'en va,
ou tu choisis la peur de perdre ce que tu tiens.
Dans ce cas, tu choisis la mort certaine, un jour prochain.

L'enfant près de son père, dans la barque est assis
et leur embarcation avance dans la nuit.
Le bruit du glissement des rames régulier,
s'unit à la prière que le père fait monter:

« Avec toi, pour toujours et quoi qu'il nous arrive,
en pleine confiance, Père, passons sur l'autre rive!»

SOMMAIRE

Printed by Books on Demand GmbH, Norderstedt / Germany